赵仲牧文集

第五卷

诗文卷

云南大学出版社
Yunnan University Press

图书在版编目（CIP）数据

赵仲牧文集．第5卷，诗文卷 / 赵仲牧著．—昆明：云南大学出版社，2013
ISBN 978-7-5482-1513-4

Ⅰ．①赵… Ⅱ．①赵… Ⅲ．①赵仲牧—文集②诗学——文集③文学—文集 Ⅳ．①C53

中国版本图书馆CIP数据核字（2013）第068490号

责任编辑： 伍　奇
封面设计： 刘　雨

赵仲牧文集

第五卷

诗文卷

出版发行： 云南大学出版社
印　　装： 昆明市五华区教育委员会印刷厂
开　　本： 787mm×1092mm　1/16
印　　张： 16.25
字　　数： 184千
版　　次： 2014年3月第1版
印　　次： 2014年3月第1次印刷
书　　号： ISBN 978-7-5482-1513-4
定　　价： 30.00元

社　　址： 昆明市翠湖北路2号云南大学英华园内
邮　　编： 650091
电　　话： （0871）65031071　65033244
网　　址： http://www. ynup. com
E-mail： market@ynup. com

目 录

诗 词

楹　联

文

诗　词

江汉怀古

大江滚滚流，浩淼与天接。
两岸立龟蛇，千秋忆①豪杰，
曹公抱负雄，诸葛计谋绝。
举首问青山②，几番窥③兴灭。

癸巳（1953 年）七月于武汉

【注】　①忆：作者又拟作“骋”。
②青山：作者又拟作“苍穹”。
③窥：作者又拟作“叹”、“看”。

癸巳中秋与窦维国同学共庆中秋

御河波静映秋枝①，疑是②故乡鸭子池。
慈母依稀临水立③，举头望月忆儿时。

癸巳（1953 年）九月
于北京北海

【注】　①此句作者又拟作“御河细浪漾秋枝”。
②疑是：作者又拟作“权作”。
③临水立：作者又拟作“门前坐”。

补衣

遥夜不思睡，挑灯补旧衣。
孔细穿针久，尖钝线脚稀。
歪歪复斜斜，疏疏间密密。
更深眼渐花，颓然长太息。

甲午（1954 年）秋于抚顺

春雨

昨夜梦悠悠，今朝起迟迟。
束衣临窗望，春暗雨丝丝。

乙未（1955 年）仲春于抚顺

秋望

关榆落尽碧天高，大野苍茫塞草凋。
波起寒塘①风瑟瑟，雁沉远岫水迢迢。
边城②日落千家暮，故国神游万里遥。
残月满怀霜满面，凄凉何处一声箫。

乙未（1955 年）秋末于抚顺

【注】 ①寒塘：作者又拟作“浑河”、“荒江”。
②边城：作者又拟作“煤都”、“浑河”。

仲春游东陵[1]

五月边城春意浓[2]，东陵遥峙[3]正葱茏。
曾挥[4]风雨[5]临华夏[6]，独向云[7]山留土封。
野老有心[8]谈掌故，游人无意问遗踪。
前清旧事谁阅尽，郁郁苍苍[9]几树松。

丙申（1956年）五月于沈阳

【注】①原题注：沈阳东陵，即清太祖努尔哈赤陵墓。
②此句作者又拟作“五月奉天春色浓”。
③遥峙：作者又拟作“草木”。
④挥：作者又拟作“呼”。
⑤风雨：作者又拟作“斧钺”。
⑥临华夏：作者又拟作“城阙下”、“临边塞”。
⑦云：作者又拟作“天”。
⑧心：作者又拟作“闲”。
⑨苍苍：作者又拟作“蓊蓊”。

暮　春

一春心事付栏干，望断飞鸿望远山。
静院清宵听万籁，拥衾闲看晓星残。

丙申（1956年）六月于沈阳

梦游滇池

忽现彩虹放晚晴，泛舟载酒好风迎。
湖光山色堪留恋，野鹭沙鸥俱有情。
远树一行笼烟霭，归帆几点映澄清。
流霞与我相期醉，水阔波平一叶轻。

丙申（1956 年）十月于沈阳

徐 步

徐步人声远，草春清兴长。
白云连碧岫，绿水动新秧。
高鸟苍天阔，幽花野径香。
临风归去晚，落照满衣裳。

丁酉（1957 年）五月于沈阳锦州

春 光

楼外春光接翠微，何须独酌徒伤悲。
莲塘滟滟浸云岫，芳草凄凄接海湄。
燕子高低凌水去，蜜蜂远近绕花飞。
薰风休要隔帘笑，今夜将凭好梦归。

丁酉（1957 年）初夏于锦州

中秋忆嫦娥

素魄行天过九州，人间又见庆中秋。
蟾宫梦堕迷尘海，金桂香飘满①绣楼。
玉露琼台寒漠漠，清风碧宇恨悠悠。
长生不老灵芝草，万古难销夜夜愁。

丁酉（1957年）中秋于沈阳

【注】 ①满：作者又拟作“上”。

无　题①

谈虎容颜变，飘摇一叶舟。
祸惊天外降，泪咽肚中流。
华夏②临秋肃，圣朝③多楚囚。
万民期雨露④，大狱⑤几时休！

丁酉腊月（1958年2月）于沈阳

【注】 ①原诗无题。
②华夏：作者又拟作“四海”、“中土”、“禹贡”。
③圣朝：作者又拟作“八方”、“八荒”、“四方”。
④此句作者又拟作“生民思雨露”。
⑤大狱：作者又拟作“秋肃”。

家 书

边庭[①]寸草向春晖，每见家书客泪垂。
慈燕将雏冲雨去，新鸟反哺逆风归。
一身尘满望征雁，二老眼穿候故扉。
何日浮云依旧里，莱衣常著奉庭闱。

戊戌（1958 年）盛夏于昌图

【注】 ①边庭：作者又拟作“边陲”、“边城”。

清碧溪[①]

山迴荒径断，苍壁锁清泉。
幽卉窥明镜，松风动碧涟[②]。
鱼游深见影，云去碧涵天。
夜阑[③]峰岚静[④]，秋心共素娟。

戊戌（1958 年）仲秋于沈阳

【注】 ①原题注：1941 年曾游大理清碧溪。
②此句作者又拟作“松风吹细涟”。
③夜阑：作者又拟作“入夜”、“日落”。
④静：作者又拟作“净”。

友人自北京来函，相约结伴还乡以诗作答

片帆无计作南游，逝者如斯空自流。
草绿草黄羞对镜，雁来雁去倦登楼。
滇中山水常涵翠，塞上峰峦渐白头。
遥想茶花红似火，摘枝寄我慰乡愁。

戊戌（1958 年）冬月于沈阳

丁酉又一年

春秋多策士，论世出①争鸣。
秦火焚诸子，汉天普②一经。
低眉沉百感，缄口抑深情。
翘首苍溟远，辉辉北极③星。

戊戌岁末（1959 年 2 月）于沈阳

【注】 ①论世出：作者又拟作“稷下共”。
②普：作者又拟作“尊”。
③北极：作者又拟“见殒”、“太白”。

惊　风

惊风突起撼危楼，起视星空云若流。
晴雨但[1]凭天做主，何妨高枕梦无忧。

己亥（1959 年）盛夏于沈阳

【注】　①但：作者又拟作“任”。

有　鸟

昔传有鸟志冲宵，除却梧桐不欲巢。
年少亦曾双足健，跃登宁让众峰高。
纵谈今古肝肠热，指点风云意气豪。
九死灵均终不悔，汨罗江畔赋离骚[1]。

己亥（1959 年）初秋于沈阳

【注】　①原注：《离骚》：“亦余心之所善兮，虽九死其犹未悔！”

匡 庐

巨霆动地热风吹，脚底云山赤熛飞。
明镜犯颜惊海隅[①]，刚锋如剑触天威。
尚书已赴珠崖郡，大内新颁元祐碑。
他日徐观真面目，香炉峰上染斜晖。

己亥（1959 年）暑期于沈阳

【注】 ①隅：作者又拟作“宇”。

深秋游北陵[①]

孤陵衰草泣西风，古木霜天过断鸿[②]。
骨朽成灰空有梦[③]，气吞如虎昔称雄。
兵临凤阙中原暗，血洗松山塞草红。
三百年间谁阅尽[④]，伏龟立象夕阳中。

己亥（1959 年）深秋于沈阳

【注】 ①原题注：沈阳北陵，清太宗皇太极陵墓。
②此句作者又拟作“落木霜天人绝踪”。
③梦：作者又拟作“塚”。
④此句作者又拟作“功业千秋何处觅”。

晚　菊

落叶卷西风，篱边三两丛。
斜阳留一抹，玉镜伴清容。

己亥（1959 年）十月于沈阳望花台

桃　花

春雨一宵晓放晴，长郊初绿野塘平。
忽惊绛雪飘溪[1]外，独向桃花深处行。

庚子（1960 年）四月末于沈阳望花台

【注】　①溪：作者又拟作“豁”。

寄大兄

一室燕山远，春城南斗边。
辽原云接地，滇[1]海水浮烟。
风雨频窥户，鹡鸰各在天。
何时闲对竹，尊酒论先贤。

庚子（1960 年）五月于沈阳望花台

【注】　①滇：作者又拟作“洱”。

戏嘲孙悟空

石猴虚妄露芒锋，无视天规漫逞雄。
宝殿直趋惊玉①帝，仙班横撞②闹天宫。
莫夸金棒神通广，岂识玉佛③法力宏。
当日若知紧箍咒，潜居帘洞效痴聋。

庚子（1960年）八月
于沈阳望花台

【注】 ①玉：作者又拟作“上”。
②撞：作者又拟作“扫”。
③佛：作者又拟作“皇”。

怀休武

朝云暮雨老边城，阅尽人间莫闻名。
颇忆沉沦多白眼，无心攀附乞青睛。
浮生常闭深秋院，酌酒每思故旧情。
梦里翠湖同步月①，水轩闲话晚风清。

庚子（1960年）九月
于沈阳望花台

【注】 ①此句作者又拟作“何日翠堤同步月”。

寒筝

笙歌别院满城春，独调[1]寒筝对玉轮。
俚曲不堪攀大雅[2]，清商亦自动梁尘。

庚子（1960年）十月
于沈阳望花台

【注】①调：作者又拟作“拨”。
②此句作者又拟作“俚曲岂能登大雅”。

古松

峰外古松出险巇，巍然俯视众林低。
衰颜每任芳菲笑，傲[1]骨宁容霜雪欺。
挺立[2]何妨苍壁陡，昂头常与白云齐。
等闲千载风兼雨，几[3]见飞花落满谿。

庚子（1960年）冬月
于沈阳望花台

【注】①傲：作者又拟作“铁”。
②挺立：作者又拟作“立足”。
③几：作者又拟作“又”。

涂　鸦

涂鸦满纸系[①]幽思，碎雨零风只[②]自知。
大宇春归无讯息，天涯举首泪如丝。

庚子（1960年）冬月于沈阳望花台

【注】①系：作者又拟作“觅”。
②只：作者又拟作“惟”。

晓　梦[①]

灯花落尽有余灰，听雨无端暗自哀。
晓梦悠悠千里去，荒园[②]寂寂独归来。
漫寻幽径迷青[③]草，犹辨石阶[④]掩碧苔。
寒露如珠他日泪，清光似水苦低徊[⑤]。

辛丑（1961年）三月于沈阳白泥厂

【注】①原题注：无题诗之一。
②原注：昆明北郊，有一林园，荒废已久，亭榭遗址不可寻。园外古丘累累，园内杂树丛生，石几石凳列布其间。往昔夏秋之交，与友人偶入其中，幽径信步，流连竟日。
③青：作者又拟作“芳”、“秋”。
④阶：作者又拟作“栏”。
⑤苦低徊：作者又拟作“独徘徊”。

春晚游陵

宿雨松针湿，古陵浅草侵。
晨风开薄雾，春日透疏林。
人立寰中影，鸟鸣空外音。
寻幽多胜事，信步独行吟。

辛丑（1961 年）四月于沈阳北陵

无题诗之二[①]

淡扫娥眉[②]金镜寒，朱帘漫卷怯衣单。
青山极目思无极，红袖背人泪暗弹。
十二碧城万叠山。

辛丑（1961 年）五月

【注】 ①此诗当为七言律，手稿中残缺三句。
②娥眉：作者又拟作“鬟云”。

画 桥[①]

一束微光映碧空，水晶帘外月朦胧。
长宵独共寒星语，短梦偏寻神女踪。
秀野[②]踏春烟树碧，画桥归晚夕波红。
细听碎叶敲窗牖，落木萧萧满院风。

辛丑（1961 年）七月于沈阳白泥厂

【注】 ①画桥：作者又拟作“月光”。原题注：无题诗之三。
②野：作者又拟作“甸”。

季 布

季布来朝许作臣，何期枯木又逢春。
若非数载茹辛苦，岂识皇天[①]恩遇深？

辛丑（1961 年）八月
返辽宁大学摘帽归队

【注】 ①皇天：作者又拟作“圣明”。

赠友人（善舞）三首[①]

其　二

巴山崇教化，振铎忆文宣。
中[②]夜挥朱笔，四时著教鞭。
涂鸦留古意，剪烛阅陈篇。
不借文章显，惟期桃李妍。

辛丑（1961 年）九月于沈阳辽大

【注】 ①手稿仅有二首，缺“其一”。
②中：作者又拟作“子”。

其三（依前韵）

春归无影迹[①]，冻雨洒[②]霜天。
泪湿[③]江南赋，醉吟[④]秋兴篇。
寒云浮雪岭，乱石夹冰泉。
临老管宁[⑤]去，辽东三[⑥]十年。

辛丑（1961 年）九月于沈阳

【注】 ①无影迹：作者又拟作“何处去”、“无觅处”。
②冻雨洒：作者又拟作“零雁唳”。
③泪湿：作者又拟作“寄寓”。
④醉吟：作者又拟作“襟怀”。
⑤原注：管宁，三国魏朱虚人，汉末避乱居辽东，三十七年始归。
⑥三：作者又拟作“四”。

独 立

雁唳秋风凉，云低旷野长。
斜[1]辉天际尽，独立对苍茫。

辛丑（1961 年）十月于沈阳辽大

【注】 ①斜：作者又拟作“夕”。

壬寅年还乡省亲二十八首[1]

望乡台

望乡台外暮云长，回雁峰前秋草黄。
客子临窗天浩渺[2]，慈亲依闾[3]月苍茫。

壬寅（1962 年）春节首次回乡探亲

【注】 ①原题注：杂诗。按，《大观楼》以下各首题后原均标有“七绝”，为与之前各首一致而删除；二十八首诗中有三首仅有标题，为“海埂”、“温泉”、“北阁”。
②天：作者又拟作“思”。此句作者又拟作“客子临窗风雨晦”。
③闾：作者又拟作“枕”。

中　秋

玉桂飘香金镜圆，剖瓜分饼语声喧。
小孙入梦犹含笑，阿奶吹灯望月偏。

壬寅（1962 年）寒假于昆明家中

新　春

金沙江外渤海滨，爆竹声中万里春。
红烛高堂应有泪，天涯尚有未归人。

壬寅（1962 年）寒假于昆明家中

归　来

松辽[①]长系故园心，再见南疆[②]满眼亲。
峰岭逶迤车似箭，春城临近泪沾襟。

壬寅（1962 年）寒假首次回昆探亲

【注】 ①松辽：作者又拟作“异乡”。
②南疆：作者又拟作“高原”。

九　年

九年漂泊似浮云，重傍南天[1]倍觉亲。
南诏[2]千峰耸翡翠，滇湖百里浪翻银。

壬寅（1962年）寒假首次回昆探亲

【注】　①南天：作者又拟作“乌蒙”、“苍山”。
②南诏：作者又拟作“苍洱”。

母　亲

腊夜归人惊复疑，无言相对泪沾衣。
萱慈霜鬓银丝现，游子为何久别离。

壬寅（1962年）寒假首次回昆探亲

父　亲

萧萧鹤发七旬翁，久别[1]乍归亦动容。
辛亥老人[2]多阅历，谈今论古健如风。

壬寅（1962年）寒假首次回昆探亲

【注】　①久别：作者又拟作“风雪”、“万里”。
②辛亥老人：作者又拟作“沧海桑田”。

大 兄

小庭夜话且[①]开怀，相顾中年究可哀。
豪[②]气半随劫波尽，安宁遥对望花台[③]。

壬寅（1962 年）寒假首次回昆探亲

【注】①且：作者又拟作“暂”。
②豪：作者又拟作“英”。
③原注：五八年后大兄先后在大板桥、安宁光明农场劳动，我曾在望花台劳动。

除 夕

醇酒华灯笑语喧，阖家团坐庆新年。
今宵有兴休辞醉，南北几回望月圆。

壬寅（1962 年）寒假首次回昆探亲

围 炉

云霁月明夜未央，围炉添炭再倾觞。
絮言难尽人间事，徐看格窗透晓光。

壬寅（1962 年）元月于昆明

母 校[1]

闲步西城景物新，通衢横直[2]覆林荫。
漫寻总角弦歌地，举首[3]高楼矗锦云。

壬寅（1962 年）元月于昆明

【注】 ①原题注：天祥中学原址。
②横直：作者又拟作“交错”。
③举首：作者又拟作“仰望”。

翠 湖

船影歌声杨柳堤，十年幽恨画桥西。
春归人去无寻处[1]，绿水悠悠落日低。

壬寅（1962 年）二月于昆明

【注】 ①无寻处：作者又拟作“无踪迹”。

堤 柳

含露扶烟怯晓寒，丝丝缕缕拂衣冠。
垂杨[1]情重我情薄，黑发未调心已殚。

壬寅（1962 年）二月于昆明

【注】 ①垂杨：作者又拟作“春光”。

近日楼

不见城楼不见钟[①]，归来辽鹤失西东。
街心花圃艳如锦[②]，地底喷泉化彩虹。

壬寅（1962 年）二月于昆明

【注】 ①原注：昆明城正南门又名近日楼。楼上有巨钟，已辟为街心花园。
②艳如锦：作者又拟作“红如火”。

大观楼

重上水楼胸臆[①]宽，波光帆影满雕栏[②]。
龙门夕照染千树，草海清辉亮一湾。

壬寅（1962 年）二月于昆明

【注】 ①胸臆：作者又拟作“风物”。
②此句作者又拟作“孙翁已去独凭栏”。

西　山

龙门石室[①]倚危栏，飘渺楼前放眼观。
阡陌[②]湖山看[③]缴细，他年梦里识乡关。

壬寅（1962 年）二月于昆明

【注】①石室：作者又拟作“千仞”。
②阡陌：作者又拟作“百里”。
③原注：看，平声。

圆通山

春风信步到[①]南疆，绿藻凝香[②]柳淡黄。
二月山前花烂漫[③]，摘[④]枝相寄到辽阳。

壬寅（1962 年）正月于昆明

【注】①信步到：作者又拟为“默默过”。
②凝香：作者又拟作“绽红”。
③山前：作者又拟作“圆通”。此句作者又拟作“二月樱花开烂漫”。
④摘：作者又拟作“一”。

莲花池[1]

淡烟细浪散轻寒，玉露晶莹翡翠盘。
投水碑前声悄寂[2]，莲花池上月团圞。

壬寅（1962 年）二月于昆明

【注】 ①原题注：1968 年，作者于诗作所注标题怀广田师。
②原注：相传陈圆圆曾于此投水自尽。六八年中传闻李广田亦自投莲花池。(1968 年附注)

三清阁

置身已在极高处[1]，我与三清共一坛。
海立云垂飞鸟没，田畴城廓似泥丸[2]。

壬寅（1962 年）二月于昆明

【注】 ①极，作者又拟作“最”。原注：三清阁下有一副对联：置身须向极高处，举首还多在上人。
②此句作者又拟作“松涛柏浪拍危栏”。

圣境关

圣境关[①]前落晓星[②]，青峰翠岭接苍冥。
春风随[③]我经燕赵，水系山牵故国情。

壬寅（1962年）三月初返沈，途经圣境关

【注】 ①原注：圣境关位于滇黔两省交界处。古时驿道和贵滇公路皆从关侧经过。按，“圣境关”当为“胜境关”，有坊题“滇南胜境”。
②落晓星：作者又拟作“云树平”。
③春风随：作者又拟作“春光送”。

柳 江[①]

九曲清流绕石峰，江心酹酒语[②]河东。
我羁北海君南海[③]，两处愚人异代同。

壬寅（1962年）三月返沈途经柳州

【注】 ①原题注：柳州。
②语：作者又拟作“祭”。
③此句作者又拟作“我居北海君南岭”。

洞庭湖[1]

常悲斗米换征途，波涌洞庭客梦孤。
欲棹[2]扁舟归大泽，潇湘无处觅菰蒲[3]。

壬寅（1962年）三月北上途经岳阳望洞庭湖

【注】①原题注：岳阳。
②棹：作者又拟作“泛”。
③觅菰蒲，作者又拟作“摘菰蒲”。

黄鹤楼[1]

万丈长虹骑漭流[2]，江南江北帝王州。
孤[3]飞黄鹤楼何处，回看蛇山不见楼[4]。

壬寅（1962年）三月北上途经武汉

【注】①原题注：武汉。
②此句作者又拟作“百丈长虹跨漭流”。
③孤：作者又拟作“高”。
④原注：武汉修长江大桥，黄鹤楼已拆除。

黄 河[1]

奔星飞渡跨[2]中游，心事滔滔随水流[3]。
但愿此生如[4]一叶，飘摇到海不回头。

壬寅（1962 年）三月北上经郑州过黄河

【注】 ①原题注：郑州黄河桥。
②跨：作者又拟作“过”。
③此句作者又拟作“心事空随黄水流”。
④如：作者又拟作“凭”。

凡 心[1]

云钟雨鼓[2]结茅茨，何处清商惹梦思。
莲座焚香频问道，法雨慈航沐祥辉。

壬寅（1962 年）四月于沈阳

【注】 ①原题注：次韵董君《自题》诗。
②云钟雨鼓：作者又拟作“晨钟暮鼓”。

仲春有感

春风遍绿向阳株，乱眼芳华[1]笑腐儒。
门近愚溪天阙远，窗留梅影小山孤。
曾凭清梦浮银汉，空贮冰心入玉壶。
愿作沙鸥[2]来碧浪，松峰柳岸抚仙湖。

壬寅（1962 年）五月于沈阳

【注】 ①乱眼芳华：作者又拟作“满院飞花”。
②愿作沙鸥：作者又拟作“化作渔翁”。

暮　春[1]

春云舒卷倚琼楼[2]，莲叶娉婷立御沟[3]。
空谷幽兰开自赏[4]，天涯花雨问[5]谁收。
情凝南国生红豆[6]，梦断沈园垂白头[7]。
北渚波寒迷桂棹[8]，佳人已去失汀洲[9]。

壬寅（1962年）暮春于沈阳

【注】　①原题注：无题诗之四。次韵李君《惜春》诗。
②琼楼：作者又拟作“青丘”。
③立：作者又拟作“偎”。此句作者又拟作“莲叶田田委碧流”。
④此句作者又拟作“深谷幽兰空自赏”。
⑤问：作者又拟作“任”。
⑥原注：王维《相思》：“红豆生南国……此物最相思。”
⑦原注：陆游《沈园》，思念唐氏，七十五岁作此诗。
⑧此句作者又拟作“北渚烟波兰枻远”。原注：《湘夫人》：“帝子降兮北渚”。《湘君》：“桂棹兮兰枻”（音义）。
⑨原注：《湘夫人》：“搴汀洲兮杜若”。

霜　枝[①]

冰风微月白瓷杯，乡梦无端伴酒来。
天外霜枝犹未叶，院中红药想初开。
龙津有路遥相贺[②]，震泽无船暗自哀。
静得新丝添两鬓，漫将华鬓许蒿莱。

壬寅（1962年）三月于昆明返回沈阳

【注】　①原题注：无题诗之五。
②贺：作者又拟作“望”。

久雨初晴

苦雨凄风秋满庭，声声滴滴若为情。
长空[①]忽见彩虹现，云散雾收欲放晴。

壬寅（1962年）八月于沈阳

【注】　①空：作者又拟作“天”。

戏赠李君

望断霜[1]天无计归，江南幽阁锁[2]芳菲。
桥头久立怜孤影[3]，镜里频窥结黛眉。
尺素难书千滴[4]泪，寸心不胜九秋悲。
春风何日来关外[5]，莫忘细封一瓣梅。

壬寅（1962 年）九月于沈阳

【注】　①霜：作者又拟作“辽”。
②锁：作者又拟作“自”。原注：李善舞原籍皖南，女友也在皖南。
③原注：李君摘帽后分往本溪市桥头执教。
④滴：作者又拟作“种”。
⑤此句作者又拟作“春风何日鸡塞外”。

送别李君

异乡沦落同为客，风雨四秋共一窗。
遥望游龙[1]烟外尽，归来人事两茫茫。

壬寅（1962 年）九月于沈阳送别李善舞
李君从皖南探亲归来，途经沈阳往本溪任教

【注】　①游龙：作者又拟作“长车”。

有感之一[①]

千林摇落起狂飙，圣诏初闻六十条。
敢问哀鸿鸣大野，同歌甘露降云霄。
春浥[②]新麦碧如玉，秋染高粱红似烧。
相看容颜留菜色，暗期饔飧待明朝。

壬寅（1962 年）十月修改于沈阳

【注】 ①诗题作者又拟作“荒年”。
②浥：作者又拟作“滋”。

雪夜读史书

狂风吹雪堆满庭，寒灯故纸[①]寄幽情。
曾因指鹿生疑虑[②]，终究[③]盖棺有定评。
青史千年多涕泪，黄河一夕[④]岂澄清。
万民[⑤]常待甘霖降，人寿年丰[⑥]歌太平。

壬寅（1962 年）十二月于沈阳

【注】 ①寒灯故纸：作者又拟作“寒宵思古”。
②原注：《史记》：“赵高持鹿献二世，曰马也……问左右，左右或默，或言马以阿顺赵高，或言鹿者。高因阴中诸言鹿者以法。”
③终究：作者又拟作“毕竟”。原注：《晋书刘毅传》：“丈夫盖棺事方定。”
④夕：作者又拟作“旦”。
⑤万民：作者又拟作“黎元”。
⑥人寿年丰：作者又拟作“四海腾欢”。

宝成行

剑阁千峰余①紫霭，嘉陵九曲到车前。
巴田巴树②如流水，风疾云飞天地旋。

壬寅腊月（1963 年 1 月）
从沈阳回昆明途经宝成线

【注】　①余：作者又拟作为“迷”。
②树：作者又拟作为“蜀”。

还　乡

雪夜驱车入雁门，离魂今又作归人。
天连霜岭太行①远，波涌朝阳云梦深。
衡岳迎来腾紫雾②，漓江逸去浴黄昏。
乌蒙曙色③残年尽，明日山城赏早春④。

壬寅除夕（1963 年 2 月）
回乡途中路过安顺

【注】　①太行：作者又拟作“王屋”、“桐柏”。
②此句作者又拟作“衡岳移来腾晓雾”。
③乌蒙曙色：作者又拟作“乌蒙雨霁”、“荒村炮竹”。
④明日：作者又拟作“新岁”。此句作者又拟作“金马山前草木春”。

游三清阁

混沌半生一醉中，飘然泊岸对苍峰[1]。
登梯仰笑凌云梦[2]，倚槛漫迎入袖[3]风。
爽气徐来胸臆阔，野[4]烟散尽水天空。
斜阳[5]鸟道行吟云，竹影松涛断续钟。

癸卯春节（1963 年 2 月）游昆明西山

【注】 ①此句作者又拟作“兰舟泊岸望青峰”。
②梦：作者又拟作“赋”。
③入袖：作者又拟作“落帽”。
④野：作者又拟作“岚”。
⑤斜阳：作者又拟作“深山”。

茅　店[1]

茅店多风彻夜寒，北窗少月倍孤单。
长宵辗转情难老，别梦依稀泪不干。

【注】 ①原题注：无题之六。

汨罗江

楚歌久不闻，天远洞庭深。
哀郢长赍志①，怀沙终自沉。
汨罗流日夜，杜若散②芳芬。
螺屿菖蒲密③，行舟访水神。

癸卯初春（1963 年 2 月）
返沈，途经汨罗江

【注】①长：作者又拟作“犹”。此句作者又拟作“哀郢难言隐”、“哀郢虽言隐”。
②散：作者又拟作“溢”、“自”。
③菖蒲密：作者又拟作“芦菰绿”、“芦芽绿”。

过邯郸之北京①

客车迎暮色，村镇列②繁星。
黄月长③天霁，银沙冀野平。
问程惊旧识，隔座话深更。
不觉山河晓④，朝霞映北京。

癸卯二月（1963 年 3 月）自昆返沈，
过邯郸访休武，又从邯郸赴北京。

【注】①诗题作者又拟作“旅夜”。
②村镇列：作者又拟作“灯火似”。
③长：作者又拟作“苍”。
④此句作者又拟作“徐看明窗晓”。

一　枝[1]

空谷雪融寒半销，独开自赏一枝娇。
冰容未肯分春色，时有幽香云外飘。

癸卯四月（1963 年 5 月）于沈阳

【注】　①诗题作者又拟作“兰花”。

附原诗　伍休武先生《步韵和仲牧〈一枝〉》和赵仲牧先生诗原韵：

乍暖雪溶冷未消，一枝颤颤半含娇。
早春霜露寒风骤，劫后梨花满地飘。

五一节

佳节怀先烈[1]，沈阳[2]满目春。
千街人海涌，万户彩旗新。
接叶绿杨道，欢歌红领巾。
九州浑不夜，烟火洒[3]缤纷。

癸卯（1963 年）仲春五一节于沈阳

【注】　①此句作者又拟作“举国庆佳节”。
②沈阳：作者又拟作“边城”。
③洒：作者又拟作“落”。

仲春怀三妹[①]

三月桃花汛，凌河浪淘沙。
塞原初复[②]绿，边柳竞抽芽。
晴日山川丽[③]，高楼鸿雁斜。
春风吹浩荡，相望碧无涯。

癸卯四月（1963 年 5 月）于沈阳

【注】　①原题注：三妹在内蒙包头市任职。
②初复：作者又拟作“刚绽”。
③丽：作者又拟作“艳”。

鸿雁二首[①]

其　一

怀远倚晴窗，征鸿过太行。
凭渠[①]传片纸，明日到辽阳。

【注】　①原题注：寄邯郸休武。
②渠：作者又拟作“君”。

其　二

南雁到辽东，应过石鼓峰[1]，
故人常念我，定有[2]书一封。

癸卯五月（1963 年 6 月）于沈阳

【注】 ①邯郸市峰峰区有山名石鼓峰。
②有：作者又拟作“携”。

赠病人[1]

遥辞南岳渡辽河，夜夜洞庭空有波[2]。
几卷诗书明淡泊，一川风雪叹[3]蹉跎。
勤挥粉末添霜发，频滴汗珠润绿莪。
且喜满园桃李艳[4]，春光聊以慰沉疴。

癸卯四月（1963 年 5 月）于沈阳

【注】 ①原题注：彭俊彦老师。
②原注：彭老师生于湖南长沙，建国初到沈阳任教。
③叹：作者又拟作“笑”。
④此句又拟作“百载树人桃李艳”。

请　缨

星夜[1]羽书至北京，红河激浪入边庭。
南天烽火思慈母，越海风雷腾巨鲸。
诸将[2]运筹怀远略，匹夫有责寄深情。
班超昔日[3]曾投笔，奔[4]赴国门[5]力请缨。

癸卯四月（1963年5月）于沈阳

【注】①星夜：作者又拟作“万里”。
②将：作者又拟作“老”。
③昔日：作者又拟作“从戎”、“年少”。
④奔：作者又拟作“愿”。
⑤国门：作者又拟作“疆场”、“边陲”。

述　怀

百年身[1]后任谁评，独守寒窗不论名。
牧羝亦曾临北海，种瓜何不访东陵。
秋风落木江湖阔，雪夜操琴思绪清。
几度曲终人亡后，余音缭绕数峰青。

癸卯四月（1963年5月）于沈阳

【注】①身：作者又拟作“之”。

答休武[1]

草海平铺览远波，碧鸡遥峙仰嵯峨。
湖山如画年华少，彩笔干云气象多。
回首南天疑梦幻，久羁北国叹消磨。
放翁垂老犹堪酒，且得交觥一放歌。

癸卯五月（1963 年 6 月）于沈阳

【注】 ①原题注：休武自邯郸来函，相约结伴还乡，以诗代简作答。

休武南归

盘江柳色送征鞍[1]，歧路扬鞭两处寒[2]。
八月霜风吹渤海，仲秋黄叶满邯郸。
飞鸿已[3]去依云岭，清梦相随傍故关。
怅惘天涯无益[4]友，阳春一曲再和难。

癸卯六月（1963 年 7 月）于沈阳

【注】 ①送：作者又拟作“映”。原注：五三年七月，休武与我一起离昆赴北京。
②处：作者又拟作“地”。原注：五三年九月我从北京到抚顺，又转到沈阳。休武从北京转天津，又转到邯郸。
③已：作者又拟作“归”。
④益：作者又拟作“旧”。

断 鸿

紫塞归雁尽，冻云逐断鸿。
夕[①]阳一片影，秋水千里踪。
银汉垂霜野，冰心寄碧[②]空。
潇湘长[③]望远，倦翼尚追风。

癸卯八月（1963 年 9 月）于沈阳

【注】 ①夕：作者又拟作“斜”。
②碧：作者又拟作“太”。
③长：作者又拟作“遥”。

癸卯秋夜有感[①]

相诉相思清夜寒，秋风秋露曲栏干。
仙槎欲渡金河冷，青鸟无踪碧落宽。
春老巴山鹃泣血，月明湘水竹含斑。
殷勤精卫空衔石，瀛海汪茫万里澜。

癸卯九月（1963 年 9 月）于沈阳

【注】 ①原题注：无题之七。

弹 瑟

洛水思投赋，云中应有君。
雪舟弹瑟夜，长望采樵人。

癸卯十月（1963 年 11 月）于沈阳

流 星

浮萍飘不定，来去若流星。
除夜一盅酒，风霜千里行。

癸卯腊月（1964 年 1 月）自沈阳之邯郸

甲辰春节

出岫浮云欲乘风，遥思旧雨①有心同。
长车冲雪驰千里，银②烛分光喜再逢。
杯酌龙泉温③腊夜，窗含石鼓④望晴峰。
殷勤相许春归后，锦扎细封一瓣红。

甲辰春节（1964 年 2 月）于邯郸之峰峰区

【注】 ①雨：作者又拟作“友”。
②银：作者又拟作“蜡”。
③温：作者又拟作“消”。
④邯郸峰峰区有黑龙泉与石鼓峰。

赵都握别

长天漠漠结层阴，大雪纷扬落满襟。
挥手遥思千里远，低眉长忆十年心。
丛台[①]日幕寒云重，鸡塞月明积雪深。
石鼓峰前辽水畔，料应夜夜费沉吟。

甲辰春节（1964 年 2 月）
于邯郸车站与休武握别

【注】　①邯郸市内有丛台，即赵武灵王阅兵处。

附原诗　伍休武先生《六三年二月末与仲牧别于邯郸，四月读仲牧吟别诗遂步韵》和赵仲牧先生原诗韵：

天空心底两重阴，笛啸破云冷透襟。
虐雨纷纷征客泪，凄风飕飕旅人心。
十年望月团圆少，一旦分途寂寞深。
此去辽河千百里，何期翠海共长吟。

1963 年 4 月 25 日

峰峰归来

晴霞依石鼓，残雪映离亭。
回首千村暮，驱风片叶轻。
银钩辽海月，幽梦玉壶冰。
北阁归来夜，隔帘望晓星。

甲辰元月（1964 年 2 月）
从峰峰回到沈阳

春分夜雪

檐下银花落，寒衾入睡迟。
三更惊[①]曙色，四壁溢琼脂。
素女青天月，梅妆白玉枝。
遥思云岭外，春暖花开时。

甲辰（1964 年）春分于沈阳

【注】 ①惊：作者又拟作“疑”。

怀包头淑霞妹

融尽阴山雪，黄河浪掷沙。
春风吹日夜，相忆共天涯。

甲辰三月（1964 年 4 月）

休武调迁

晚蝉高树望[1]归鸦，几度漂流水上槎。
却去赵都添客梦，便移峰市仍天涯。
茅茨偶对一川碧，桃李将舒满圃花。
聊把他乡拟故国，山明水秀不须嗟。

甲辰四月（1964年5月）于沈阳
休武自邯郸调往峰峰新市区，赋诗相寄

【注】 ①望：作者又拟作为“羡”。

附原诗　伍休武先生《调迁峰寄仲牧》和赵仲牧先生原诗韵：

无端风雨去无端，勿问飘零向哪方。
离去邯山山更险，迎来滏水水多凉。
月明何处家何在，海阔难填人不忘。
千转愁肠书有尽，素笺不寄泪两行。

1962年9月19日

春 雪

春云舒卷喜悠闲，忽见飞鸿过小轩。
立夏晴天多霹雳，殷勤千里问凉暄。

甲辰立夏（1964 年 5 月）于沈阳
相隔三月，始见休武来函

题西山龙门石壁

巉岩①矗立②霄壤间，历尽洪荒亿万③年。
巧④作玲珑居绣户，何如⑤磊落⑥俯苍烟。
千秋日月浮⑦天际，百代兴衰过⑧眼前。
晨雾晚岚⑨来复去，峥嵘兀自出云巅。

甲辰六月（1964 年 7 月）
回昆明探亲，登龙门

【注】 ①巉岩：作者又拟作“危岩”、“巨崖”。
②矗立：作者又拟作“林立”、“散落”。
③亿万：作者又拟作“不计”。
④巧：作者又拟作“岂”。
⑤何如：作者又拟作“惟凭”。
⑥落：作者又拟作“硌”。
⑦浮：作者又拟作“悬”。
⑧过：作者又拟作“到”。
⑨晨雾晚岚：作者又拟作“海雾峰岚”。

观　画

一叶高风落，苍江滚滚流。
四围青嶂色，独去木兰舟。
黄鹤高飞尽[1]，白云相逐游。
尺方天水阔[2]，形释意悠悠。

甲辰六月（1964 年 7 月）于昆明

【注】 ①此句作者又拟作“黄鹤飞无影”。
②此句作者又拟作“尺方容汗漫”。

滇黔途中

长亭回望阻层峦，古垒荒皇圣境关。
苗寨浮烟千岭暮，溪村听雨一灯残。
依稀往事云兼月，落魄生涯辛[1]复酸。
鸡唱梦回何处是，危峰险道晓星寒。

甲辰七月（1964 年 8 月）
从昆明返回沈阳，途经富源、盘县

【注】 ①辛：作者又拟作“苦”。

狂 慧

狂慧迷混沌，寸心生百忧。
青灯期皓首，碧海失虚舟①。
眼望天无语，情伤水自流。
蓬莱闻有岛，寂寞履荒洲。

甲辰八月（1964 年 9 月）于沈阳

【注】 ①原注：《文选》谢灵运《游赤石进帆海》诗："溟涨无端倪，虚舟有超越。"

尘 海

尘海了无际，浮生多百忧。
风飙摧①凤翼，得失恋蝇头。
霹雳雷鸣夜，飘飖浪拍舟②。
微躯颠沛久，一席更何求。

甲辰八月（1964 年 9 月）于沈阳

【注】 ①摧：作者又拟作"仇"。
②浪拍舟：作者又拟作"风撼楼"。

潇 湘

红叶飘风入小窗，梦随归雁落潇湘。
佳人何处青云暮，寒水荒洲对夕阳。

甲辰九月（1964 年 10 月）于沈阳

仙 槎[①]

仙槎一去几周星，犹自深宵对[②]画屏。
声辨长廊惊蟋蟀，风飘帘箔立娉婷。
未[③]言频落涓涓泪，相看[④]犹含默默情。
缭绕玉笙终悄寂，秋阶明灭渡流萤。

甲辰九月（1964 年 10 月）
于辽宁开原县柴河

【注】 ①原题注：无题诗之八。
②对：作者又拟作“坐”。
③未：作者又拟作“欲”。
④看：作者又拟作“顾”。

深巷[1]

深巷逡巡人绝踪，柴门欲叩锁青铜[2]。
庭柯坠叶枝横影，画[3]阁销声月照空。
零落青春山复水，潇疏鬓发雨兼风。
悠扬旧梦相寻冷，墙草萋[4]迷秋[5]露浓。

甲辰十月（1964 年 11 月）于辽宁开原县柴河

【注】 ①原题注：无题诗之九。
②此句又拟作“重门欲扣锁黄铜”。
③画：作者又拟作“幽”。
④萋：作者又拟作“凄”。
⑤秋：作者又拟作“玉”。

甲辰除夕有怀

癸卯除年夜，暖杯[1]围火炉。
今宵风凛冽，庭树影稀疏。
独室辞残岁，隆冬绝[2]雁书。
神交清似水，冰雪念遥途。

甲辰除夕（1965 年 2 月）于沈阳

【注】 ①暖杯：作者又拟作“清谈”。
②绝：作者又拟作“无”。

乙巳春节有怀

万盏华灯上①，千家酒宴开。
礼花驱夜色，炸炮震长街。
咫尺风②光远，艰难新岁③来。
拥衾④听晓角，短句寄幽怀。

乙巳初一（1965年2月）于沈阳

【注】 ①上：作者又拟作“亮”。
②风：作者又拟作“春”。
③新岁：作者又拟作“岁月”。
④拥衾：作者又拟作“披衣”。

山乡早春有怀

山高余白头，泉涌带冰流。
细草侵荒垒，飞砂蔽远州。
重关相望冷，思念几曾休。
清冽一壶酒，遥斟天外①舟。

乙巳三月（1965年4月）
于辽宁开原县柴河堡

【注】 ①天外：作者又拟作“海角”。

柴堡春晨

晨光驱[①]宿雾，新绿染山村。
柳外柴河碧[②]，云中照壁春[③]。
彩蝶穿花远[④]，青苗著雨深。
风吹忧虑散[⑤]，我乃[⑥]自由人。

乙巳四月（1965 年 5 月）

于辽宁开原县柴河堡

【注】 ①驱：作者又拟作“收”。
②碧：作者又拟作“浅”。
③原注：柴河对岸有照壁山。
④远：作者又拟作“去”。
⑤散：作者又拟作“尽”。此句作者又拟作“诗情随处有”、“行吟随兴致”、“禅机随处有”。
⑥乃：作者又拟作“是”。

雨后登山

迅雷山岳动①，激浪起平江。
骤雨奔前浦，彩虹落②大荒。
远村腾③紫雾，健步上青冈。
俯仰乾坤广④，浩歌一放狂。

乙巳五月（1965 年 6 月）
于辽宁省开原县柴河堡

【注】　①山岳动：作者又拟作“川谷震”。
②落：作者又拟作“跨”。
③腾：作者又拟作“蒸”。
④广：作者又拟作“阔”、“大”。

山　花①

山花开正艳，放牧步青芜。
朝雨拾鲜菌，荒坟逐野狐。
举灯窥奥府，走笔拓宏图。
非为②粱稻计，千秋几卷书。

乙巳五月（1965 年 6 月）
于辽宁开原县柴河堡

【注】　①原题注：寄大兄。
②为：作者又拟作“作”。

乙巳中秋

飞雨洗空碧[1]，柴[2]门暮景悬。
金风吹稻浪，白鹭下苍烟。
晚浦清留月，芦花遥拂天。
水乡非故土，秋夜默思滇。

乙巳中秋（1965年9月）
于辽宁省铁岭县

【注】①此句作者又拟作“雨洗长空净”。
②柴：作者又拟作“蓬”。

忆　昔

忆昔晴天[1]落巨霆，焚坑[2]千古有余惊。
书生迂阔持坚白[3]，循吏依然著[4]紫青[5]。
阮籍[6]咏怀皆逸响，陶潜述酒隐真情[7]。
子陵欲钓富春水，滚滚[8]秋江潮不平。

乙巳十月（1965 年 11 月）于辽宁铁岭

【注】 ①晴天：作者又拟作“秦皇”。
②焚坑：作者又拟作“秦灰”。
③原注：坚白，言志节之不可改也。《论语》：“不曰坚乎，磨而不磷；不曰白乎，涅而不缁。”
④著：作者又拟作“讽”。
⑤原注：紫青，即青紫。汉制，印授，公侯用紫，九卿用青。《汉书》：“士病不明经术；经术苟明，取青紫如俯拾地芥。”
⑥阮籍：作者又拟作“可叹”、“百首”。
⑦陶潜：作者又拟作“常悲”、“一篇”。此联作者又拟作：“旷代史臣多忌讳，当空月色最分明。”
⑧滚滚：作者又拟作“无奈”。

雪夜偶成

太行雪霁觅村酤，竹叶浮香围火炉。
清兴[①]三更犹未尽，亦曾言[②]及玉门无。

乙巳十月（1965 年 11 月）于辽宁铁岭县

【注】 ①清兴：作者又拟作“闲话”。
②言：作者又拟作“思”。

乙巳除夕

檐冰垂触地，滇洱水[①]常温。
相向云天阔，独行雪径深。
锦笺思托意，石砚久封尘。
岁尽疏星落，魂飞入雁门。

乙巳除夕（1966 年 1 月）于沈阳

【注】 ①水：作者又拟作“忆”。

寄亲人

南风鸣树杪，云岭正[1]葱茏。
人定思潮远，夜深烛火红。
随安怀旷达，博览自从容。
矢志求真谛，攀援期绝峰。

丙午三月（1966 年 4 月）于沈阳铁岭县

【注】 ①正：作者又拟作“想”、“已”。

寒 流[1]

春风瞬息转寒流，一夜繁霜天下秋。
莫论含冤沉大海，徒伤[2]请命坠鸿沟。
圣颜喜怒终[3]难测，大狱株连竟未休[4]。
颇忆太宗求直谏[5]，魏征知遇得优游[6]。

丙午四月（1966 年 5 月）于辽宁铁岭

【注】 ①原题注：悼吴晗教授。
②伤：作者又拟作“悲”。
③终：作者又拟作“深”。
④竟未休：作者又拟作“漫不收”。
⑤此句作者又拟作“贞观虚怀求直谏”。
⑥原注：魏征晚年为丞相、太子太师。

书 愤[①]

朝野颂诗[②]千日同，激扬辞赋渺无踪。
逆鳞长叹文章露，销骨尚留肝胆雄。
凛夜深沉星殒落，冤魂[③]远近影朦胧。
人间应有子长[④]笔，治乱他年[⑤]定罪功。

丙午四月（1966年5月）于辽宁铁岭

【注】 ①原题注：悼吴晗。
②诗：作者又拟作“声”。
③冤魂：作者又拟作“荒坟”。
④子长：作者又拟作“史迁”。
⑤他年：作者又拟作“千秋”。

有 感

泽乡夜半野狐鸣[1]，吴楚幽燕举义旌。
高祖登基烹狗兔[2]，叔孙立代颂神明。
五陵[3]白骨皆刘姓，遍地[4]黄巾震汉庭。
水可覆舟闻古训[5]，洪流弥漫独心惊。

丙午五月（1966年6月）于铁岭

【注】 ①原注：《史记·陈涉世家》："吴广之次所旁丛祠中，夜篝火，狐鸣呼曰：'大楚兴，陈胜王'。"

②烹狗兔：作者又拟作"诛猛将"。

③原注：五陵，即西汉长陵、安陵、阳陵、茂陵、平陵也。

④遍地：作者又拟作"甲子"。

⑤闻古训：作者又拟作"民即水"。

铁岭归来

平野车行疾，林荫覆我归。
庭中飞①蛱蝶，篱②上绽③蔷薇。
抚瑟④留清兴，拭窗待夕晖。
三更⑤天籁静，思绪任翻飞。

丙午五月（1966年6月）自铁岭回沈阳旧居

【注】①飞：作者又拟作“穿”。
②篱：作者又拟作“枝”。
③绽：作者又拟作“吐”。
④抚瑟：作者又拟作“举盏”。
⑤三更：作者又拟作“夜阑”。

伏　天

火云喷炽焰，烈日灼尘埃。
扫榻思昏睡，推窗待巨雷。
黑风平地起，银闪劈天开。
四望郊原暗，疾呼暴雨来。

丙午六月（1966年7月）于沈阳

盛夏怀昆明友人

穹苍翘首望，云涌蔽金河。
黄海①台风劲，碧鸡②雷雨多。
片帆怀远影，一叶逐狂波。
秋后山城饮，千觞助醉歌。

丙午七月（1966年8月）于沈阳

【注】　①黄海：作者又拟作“伏月”。
②碧鸡：作者又拟作“炎方”。

三家村

翻覆兴云雨，大圜①双②手遮。
雷声③惊九列④，天火燔三家。
学士投东海，文坛坠百花⑤。
畸躬思远去，梦里⑥邵平瓜。

丙午八月（1966年9月）于沈阳

【注】　①大圜：作者又拟作“寰天”、“苍穹”。
②双：作者又拟作“只”。
③声：作者又拟作为“鸣”。
④原注：九列，九卿之位也，《汉书》：“恤我九列。”
⑤坠百花：作者又拟作“扫落花”。
⑥梦里：作者又拟作“长忆”、“何处”。

丙午忆丁酉

倏忽天容变，十年风雨舟。
惊魂犹未定，沧海又[1]横流。
洪武兴冤狱，金陵多土丘。
圣朝除[2]蔽政，野哭几时休。

丙午八月（1966年9月）于沈阳

【注】①又：作者又拟作“已”。
②除：作者又拟作“无”。

霸山妖[1]

城头旗举霸山妖，炼狱劈开群[2]鬼嚣。
降龙伏虎身是胆，叱风咤雨气如蛟。
凉秋信手捐纨扇，昔日张[3]弓射巨雕。
礼赞昙花终一现，幽馨四散逐秋潮[4]。

丙午九月（1966年10月）于沈阳

【注】①原题注：“八三一”，辽宁省群众组织，外号“霸山妖”。
②群：作者又拟作“众”。
③张：作者又拟作“索”。
④秋潮：作者又拟作“风飘”、“洪涛”。

丙午中秋

璧辉当户满，林外涌冰盘[1]。
渴酒吟风去，披光带醉还。
天朝除弊事[2]，客梦傍深潭[3]。
倚枕怀亲友，遥期四海安。

丙午中秋（1966 年 9 月）于沈阳

【注】 ①涌冰盘：作者又拟作“水晶盘”。
②除弊事：作者又拟作“除积垢”。此句作者又拟作“庭中秋籁净”。
③此句作者又拟作“梦里故乡寒”。

大连观海

英年酒渴[1]思吞海，跃上崔嵬百尺礁。
眼望四方凌远浪，心随片叶濯惊涛。
虎滩黑石[2]今重到，冻雨冰心两寂寥。
极目汪洋终默默，何时[3]龙卷裂青霄。

丙午九月（1966 年 10 月）串连至大连

【注】 ①酒渴：作者又拟作为“气壮”。
②原注：老虎滩、黑石礁皆大连海滨名胜。五七年五月曾赴旅大一游。
③何时：作者又拟作为“长思”。

修真[①]

力参黄卷苦修真，无奈心潮夜夜奔。
魔女飘来潜入梦，莲邦[②]隐去化为尘。
误[③]降凡胎沉孽海，久[④]行歧路叹畸人。
愿借金刀裁六欲，明朝削发入[⑤]空门。

丙午十月（1966年11月）串连过烟台

【注】 ①诗题作者又拟作“修行”。原题注：无题之十。
②莲邦：作者又拟作“观音”、“佛陀”。
③误：作者又拟作“天”。
④久：作者又拟作“我”。
⑤入：作者又拟作“寄”。

笔耕

笔耕何畏阻荆榛，独垦寒荒几十春。
观世力穷千里目，求知常许百年身。
窗收大宇星辰列[①]，酒醒中宵情韵真[②]。
仰望高天怀旷远，遥思沧海寄深沉。

丙午冬月（1966年12月）于沈阳

【注】 ①星辰列：作者又拟作“繁星列”。
②情韵真：作者又拟作“本性真”、“正气伸”、“剑气奔”。

远　游

我御清风去，悠然离小庐。
目随河水①尽，心逐楚云舒。
此去何期有，从来本亦无。
流行坎宜止，不必问②前途。

丁未三月（1967 年 4 月）沈阳返昆途中

【注】　①河水：作者又拟作“淮水”、“洪泽”。
②问：作者又拟作“卜”。

中　原①

殷墟周邑望②田畴，唐殿宋宫鸣野鸠。
逐鹿莽原③谁问鼎，战云浩浩扑中州。

丁未三月（1967 年 4 月）
沈阳返昆途中路过郑州

【注】　①诗题作者又拟作“战云”。
②望：作者又拟作“化”。
③莽原：作者又拟作“大原”、“中原”。

操 戈

九重城阙又操戈，冠盖推迁如织梭[1]。
黔首[2]于今成刍狗，洪流遍地出蛟鼍。
斯文汨堕无干土，供奉山呼献颂歌。
安乐亭侯怀[3]远识，洛阳陌上泣铜驼。

丁未四月（1967 年 5 月）途经武汉

【注】 ①此句作者又拟作“人事升沉快似梭”。
②黔首：作者又拟作“民众”。
③怀：作者又拟作“有”。

洞庭观雨

高天深不测，平地起狂飙。
云压浓如墨，雨倾密胜浇。
奔雷擎闪电，怒水卷嶕峣。
霹雷乾坤裂，危舟一叶遥。

丁未四月（1967 年 5 月）沈阳
返昆途中经岳阳，观洞庭湖

悼三弟（三首）

噩　耗（其一）

披书有泪堕晶莹，往事微茫看殒星。
沉痼缠身常落寞，幽棲沥血化丹青。
环天历变风云色，中岁渐思手足情。
吾亦畸人乖于世，归来坟草哭[1]葱菁。

丁未三月（1967 年 4 月）于沈阳接到家信

【注】　①哭：作者又拟作“对”。

新　塜（其二）

总角苍山雪，弱冠草海云[1]。
病身兼怪癖，独室贮冰心。
黄土幽明隔，彩笺朱墨新。
茱萸遍插处，青冢覆松阴。

丁未五月（1967 年 6 月）于昆明
陪母亲同到黄土坡看三弟新塜

【注】　①原注：三九至四二年全家居大理县，四二年中迁昆明。

祭　奠（其三）

空庭留画笔，青嶂护长眠。
滇海山横影，春城雨过天。
云中屏巨石，松下响奔泉。
魂魄宜安息，翠微笼夕烟。

丁未五月（1967 年 6 月）于昆明

次韵休武见寄《望江南》四首

离　别（其一）

长亭别，人去夕阳边。王屋寒云辽海浪，塞垣横亘[①]接苍天，相隔又终年。

【注】　①亘：作者又拟作为“断”。

春　望[①]（其二）

光阴逼，飞雨洗人间。绿到辽东春寂寞，滏阳桃汛涨渡鲜[②]，两处有啼鹃[③]。

【注】　①原题注：调寄《望江南》。
②原注：邯郸市峰峰区溪临滏阳河。
③此句作者又拟作“两处共婵娟”。

登　楼[①]（其三）

水楼望，风物了无边[②]。灵仪欲飞神骏立[③]，滇云浩荡过青天，弹指已中年。

【注】　①原题注：调寄《望江南》。
②了无边：作者又拟作“想依然”。
③立：作者又拟作“跃”。原注：大观楼长联：“看东骧神骏，西翥灵仪。”神骏即金马山，灵仪即碧鸡山。

乡　邻[①]（其四）

乡邻聚，行到翠微间。休问八荒烽火遍，杨林酒美竹芽鲜[②]，醉卧看婵娟。

丁未六月（1967年7月）于昆明

【注】　①原题注：调寄《望江南》。
②美：作者又拟作“肥”。原注：杨林肥酒系云南特产。

盘龙江①

盘江重步月色昏，流光欲辨涨新痕。
炎方已结相思子，冰瑟犹霑长路尘。
人志芸台穷典籍，我寻蹊径劈荆榛。
玉关独②去终迷惘，风雪谁招北海魂。

丁未八月（1967 年 9 月）于昆明

【注】 ①原题注：无题之十二。
②独：作者又拟作“长”。

湘　江

风尘何处涤，举盏酌湘江。
混沌宜沉醉，哭歌犹放狂。
干戈天下满，行役我生忙。
流水贾谊泪，三皇太渺茫。

丁未九月（1967 年 10 月）
送母亲赴包头，在长沙游览数日

水 轩[1]

舫影琴声过断桥，水轩丝雨浥芳朝。
寰中青帝[2]司[3]春色，方外紫宫[4]吹凤萧。
香草芊芊生[5]澧浦[6]，湘灵嫋嫋逸兰桡。
阆风[7]雾锁[8]昆仑远，寂寞瑶池[9]映碧桃。

壬子正月（1972 年 2 月）于昆明

【注】①原题注：“无题诗之十四”。
②原注：青帝，司春之神《尚书纬》：“春为东皇，又为青帝。”
③司：作者又拟作“添”。
④原注：紫宫，《神异经》：“青丘山上有紫宫，天真仙女，多游于此。”
⑤生：作者又拟作“侵”。
⑥原注：醴浦，《楚辞·湘夫人》：“遗余褋兮醴浦。”醴即澧。
⑦阆风，山名，相传为仙人所居，在昆仑之巅。
⑧锁：作者又拟作“障”。
⑨瑶池：作者又拟作“仙居”。

戊申中秋[①]

暮色深深失远村，碧玉枝外涌冰轮。
今宵溪月窥龙洞[②]，满院清光少一人。

戊申中秋节（1968 年 9 月）于沈阳

【注】 ①原题注：赠休武。
②原注：休武在峰峰二中执教，学校附近有一石洞，名黑龙洞，泉水自洞中流出。

赴水

横流江海溢，赴水入秋溟。
双目旋深闭，惊[①]涛犹不平。
人间除谬种，天国列寒星。
岱岳千钧重，鸿毛一片[②]轻。

戊申九月（1968 年 10 月）于沈阳

【注】 ①惊：作者又拟作“狂”。
②片：作者又拟作“羽”。

六八年岁末①

朔风吹断柳②，对膝度残年。
双目追孤鸟，小窗留井天。
交头防偶语，读史忆秦篇。
遥看寒星落③，萱慈应未眠。

戊申十一月十二日（1968 年 12 月 31 日）
拉练途中暂驻新民县，参加政策学习班

【注】 ①诗题作者又拟作“学习班”
②断柳：作者又拟作“碎叶”。
③此句作者又拟作“屋外三星落”。

六九年元旦①

环堵余晖尽，大圜浮紫烟。
深沉迷夜色，闪烁对星天。
往昔千行泪，浮生四十年。
寒光侵土炕，僵卧未成眠。

戊申十一月（1969 年元旦）
于辽宁省新民县参加政策学习班

【注】 ①诗题作者又拟作为“学习班”。

内蒙行

卷地朔吹寒，茫茫戈壁滩。
冰封黄水曲[①]，雪压白狼山。
金帐横西域，银河落古关。
漫思天可汗，荒塚作琼[②]銮。

己酉十一月（1969年12月）

赴内蒙包头探望母亲与三妹之作

【注】 ①黄水曲：作者又拟作“乌素海”。
②琼：作者又拟作“金”。

四十岁生日有感

冻原莽莽卷风湍，激起心田[①]万顷澜。
书案流年霜月落，高林栖鸟雪枝寒。
挡车谁谓举[②]螳臂，论史[③]我曾食马肝[④]。
九死朔方何足道，子卿牧羝尚生还。

己酉岁末（1970年2月）于包头市

【注】 ①田：作者又拟作“潮”。
②举：作者又拟作“皆”。
③论史：作者又拟作“论古”。
④原注：马之肝有毒，食之杀人。《汉书》：辕固与黄生论汤武受命事。景帝曰：“食肉毋食马肝，未为不知味也；言学者勿言汤武受命，不为愚也。”

钱塘江潮

东门之上定[①]双睛，吴草千年犹带腥。
雪起云飞风复雨，钱塘岁岁怒潮鸣。

庚戌八月（1970 年 9 月）送母亲
自北京回昆明，路过杭州，游西湖、钱塘江

【注】 ①定：作者又拟作“挂”。

赠窦维国[①]

乌蒙叠嶂[②]欲腾空，南诏少年亦自雄[③]。
车出汉关思勒石[④]，秋来大漠数[⑤]归鸿。
天街坦荡长安道，羌管凄凉瀚海风。
长白山巅终古雪，冰川[⑥]遥待化奔洪。

庚戌九月（1970 年 10 月）北上过北京

【注】 ①原题注：过北京访窦维国。
②叠嶂：作者又拟作“耸翠”。
③亦自雄：作者又拟作“抱负宏”。
④原注：后汉和帝时，将军窦宪追击匈奴，登燕然山（今蒙古杭爱山）勒石纪功。
⑤数：作者又拟作“望”、“叹”。
⑥冰川：作者又拟作“青阳”。

青　萍[1]

岸柳扶风舞细腰，庭花弄影步清宵。
沈园踟躇情将老，锦瑟悠扬声未销[2]。
今夕巫山神入梦，当时银汉鹊为桥。
青萍逐浪漂摇去，天上人间相共遥。

辛亥二月（1971 年 3 月）于昆明

【注】①原题注：无题诗之十三。
②销：作者又拟作“消”。

燕　京[1]

遥看燕京[2]似走棋，九天[3]鼙鼓暗惊疑。
独擒虎竹清君侧[4]，暗[5]逆龙鳞诛腹非[6]。
众说元勋归地府，频传新贵堕天梯。
凌烟图画皆垂泪，麟阁飞檐落燕泥。

辛亥八月（1971 年 3 月）于辽大

【注】①诗题作者又拟作“京华”。
②燕京：作者又拟作“京华”。
③天：作者又拟作“霄”。
④此句作者又拟作“已擒虎竹清林帅”。
⑤暗：作者又拟作“曾”、“久”。
⑥诛腹非：作者又拟作为“罪少奇”。

幽 光

彤云布大荒，凛夜闪幽光。
剑气冲天顶，萧心付梦乡。
漫迎飞雪去，浑望朔吹狂。
漠漠乾坤白，独行入混茫。

辛亥冬月（1971 年 12 月）于沈阳

暇日抒怀[①]

多情自古经忧患[②]，未老东坡已两髦[③]。
谪宦贾生伤鹏鸟[④]，沉江屈子赋离骚。
疮痍[⑤]是处堪肠断，垒块应须借酒浇[⑥]。
蓬岛桃源皆幻境，哭歌伏案付秋毫。

壬子七月（1972 年 8 月）于辽大

【注】 ①诗题又拟作“歌哭”。
②经忧患：作者又拟作“太忧劳”。
③原注：苏轼《念奴娇》曰：“多情应笑我，早生华发。”
④原注：《史记·屈原贾生列传》：“贾生为长沙王太傅三年，有鸮飞入贾生舍……伤悼之，乃为赋以自广。”
⑤疮痍：作者又拟作“干戈”。疮痍，皮肤因伤而开裂，以喻人民之疾苦。
⑥原注：《世说新语》：“阮籍胸中垒块，故须酒浇之。”

游洛阳龙门

伊水西来接远空，龙门两岸来云峰。
中天一线留明月，照我攀援访赤松。

癸丑六月（1973 年 7 月）

返乡探亲，过洛阳，游龙门石窟

游洛阳奉先寺

万岁登封[1]筑奉先，斑斓巨佛[2]越千年，
嵋山韵士才思敏，借古喻今颂则天[3]。

癸丑六月（1973 年 7 月）

返乡探亲，过洛阳，游龙门奉先寺

【注】 ①原注：万岁登封，武后建立周朝以后曾用过的年号（公元 696 年），于龙门筑奉先寺。
②斑斓巨佛：作者又拟作“巍峨石佛”。
③此句作者又拟作“借古颂今歌则天”、“秃笔犹歌武则天”。

八盘沟

耕田凿井尽尧封[①]，食为民天今古同。
每念荒沟多血泪，定将环岭变葱茏。
青纱帐立苍峰外，碧玉潭成巉壁中。
且待三秋仓廪满，家家鸡黍庆年丰。

甲寅六月（1974 年 7 月）于辽宁朝阳县八盘沟

【注】　①尽尧封：作者又拟作“忆神农”。

秋　收

金风临塞外，红叶满山庄[①]。
雁字云天远[②]，晓晖峰岭长。
银[③]镰沾白露，碧[④]水映黄粱。
笑语连阡陌[⑤]，村村谷上场[⑥]。

甲寅九月（1974 年 10 月）于辽宁朝阳地区

【注】　①庄：作者又拟作“乡”。
②远：作者又拟作“阔”。
③银：作者又拟作“挥”。
④碧：作者又拟作“流”。
⑤连：作者又拟作“盈”。此句作者又拟作“野老拈须笑（望）”。
⑥此句作者又拟作“老牛卧夕阳”、“牛羊下夕苍”。

仲春过邯郸访休武

金沙新绿满江干①，王屋淡烟迷远山②。
并膝三③更帘月白，开轩一片晓林丹。
曾经历历人间世④，化作滔滔笔底澜。
严谴何妨春睡美⑤，东坡远谪亦随安⑥。

乙卯二月（1975年3月）自昆返沈，过邯郸

【注】①此句作者又拟作“金沙浅草染江干”。
②此句作者又拟作“三（二）月太行雪满山”。
③三：作者又拟作“四”。
④原注：《人间世》，庄子篇名。人与人相代谢，斯世与世相递嬗。谓之间者，明世变之多故也。
⑤原注：《舆地广记》：苏轼谪居惠州。有诗曰：“为报先生春睡足（美），道人轻打五更钟”。传至京师，章淳笑曰：“苏子尚快活邪？复贬昌化（海南儋耳县）。”
⑥随安：作者又拟作“心宽”。此句作者又拟作“天涯海角亦生还”。

登　山

登临直上石山巅，万壑千峰春色妍。
桃杏缤纷深涧里，禾苗层递白云边。

乙卯五月（1975年6月）经朝阳
赴赤峰市，途中登山远眺

悼念周总理[①]

噩耗惊心，天柱倾摧，星殒中宵。对苍穹呼遍，英灵何处，冰空[②]漠漠，冻雨萧萧。昆仑缟素，瀛海悲歌，哀乐声传万国遥。瞻遗容，惟涕泗滂沱，心绪如潮。

踏破险浪惊[③]涛，漫赢得，人间春色娇。赞旋转乾坤，萧曹[④]却步，房杜[⑤]折腰。宵旰操劳，骨灰撒处，千里碧空[⑥]腾彩桥。垂青史，笑泰山低伏，日月昭昭。

乙卯腊月（1976年元月8日）周总理逝世，

写于昆明，并参加检阅台追悼会

【注】　①原题注：调寄沁园春。

②冰空：作者又拟作“寒虚”。

③惊：作者又拟作“狂”。

④原注：萧曹，汉高祖（惠帝）时名相萧何、曹参，作者又拟作“留侯”。

⑤原注：房杜，唐太宗时名相房玄龄与杜如晦。

⑥千里碧空：作者又拟作“雨过长空”。

仲秋怀滇中张文勋

疏林摇落上高丘，衰草远连南国秋。
独室虫鱼消岁月，故人翰墨忆风流。
深宵梦幻[1]圆通寺，昔日弦歌[2]仰止楼[3]。
湖海江河堆雪浪，天涯何处觅飞舟。

丙辰九月（1976 年 9 月）于沈阳

【注】①幻：作者又拟作“影”。
②弦歌：作者又拟作“书声”。
③原注：云大会泽院顶加盖一层曰“仰止楼”。

缅怀周总理

大圜光泯冻云垂，国际歌迎总理归[1]。
祭酒频添沧海泪，灵车难载普天悲。
南昌伏月旌[2]旗舞，北国清明血雨飞。
回首人间风日丽，千红万紫即丰碑。

丙辰十二月（1977 年元月）于沈阳，
刊登于同年元月八日《辽宁日报》

【注】①原注：据传周总理临终时低唱国际歌。
②旌：作者又拟作“军”。

草海春望[①]

独上芳洲迎落日，云飞风起扑衣襟。
涛[②]来依旧浮天地，鹤去凭谁问古今。
渔浦草长烟[③]水漫，石桥人散浪痕侵。
举觞且共丹霞饮[④]，醉访孙翁无处寻。

丁巳新春（1977年2月）于昆明

【注】 ①原题注：次韵文勋，休武新制。
②涛：作者又拟作“潮”。
③烟：作者又拟作“春”。
④丹霞饮：作者又拟作“流霞醉”

赞张志新

狐姬每欲效慈禧，王莽计谋试衮衣。
忍看廊堂潜鬼魅，虽羁囹圄斥熊罴。
甘流碧血催春讯，化[①]作红梅出崄巇。
海燕凌风搏浪去，高飞且并彩云移。

丁巳五月（1977年6月28月）于营口市

【注】 ①化：作者又拟作“愿”。

恭贺杨青田前辈八秩荣寿

其 一

陇川斗折众峰间[①]，慷慨辞家正少年。
何惧揭竿临大泽，亦曾举火赴金田[②]。
文传申浦灵均泪，志壮中华祖逖鞭[③]。
扶病铁窗翘首望，春光忽上万山巅[④]。

【注】 ①原注：腾冲陇（龙）川江。
②原注：大泽乡和金田起义，杨曾参加南昌起义。
③原注：七七事变前，杨卜居上海，撰文鼓励抗日。
④原注：解放前夕杨在昆明被捕。

其 二

未央宫阙锁苍[①]烟，国运千钧一发悬。
圣域鸡鸣风雨晦，圭山春尽鹧鸪喧[②]。
陆沉几度疑无路，高寿八旬别有天。
霜鬓逢人询世[③]事，丹心依旧念黎元。

戊午十月（1978 年 11 月）于昆明

【注】 ①苍：作者又拟作“寒”。
②原注：云南省干部五七学校在路南县圭山，鹧鸪鸣声如人言“行不得也”。
③世：作者又拟作“国”、“时”。

贺蓓蕾社[1]

芳草离离原上萌，层荫散尽喜初晴。
园丁纵目望新蕊，歌手开喉效哢莺。
众卉枝头期怒放，百家稷下待争鸣。
文章大业能兴国，掷地将闻金石声。

戊午腊月（1979 年元月 18 日）于辽大

【注】　①原题注：次韵张震老新作。

赠别彭俊彦老师[1]

路出寒云外，冰枝北海湄。
燕山明月尽，湘水晓烟飞[2]。
寥落黄花酒，才情漱玉词。
梦回南岭远，相同雁书迟。

己未十月（1979 年 11 月）于辽大

【注】　①原题注：次韵彭老师见赠。
②原注：彭原籍湖南长沙，五一年到辽宁。

别张震老[①]

烽　火（其一）

烽火照天地，英[②]年逢乱离。
死生疑梦幻[③]，家园系哀思。
虎啸秦山恶，鹃啼蜀水悲。
望中淫雨霁，欣喜笔临池。

【注】　①原题注：张震泽教授留诗惜别步韵奉和三首。
②英：作者又拟作“华”。
③幻：作者又拟作“境”。

皓　首（其二）

皓首穷经史，挑灯析黍离。
秦灰惊劫火，往事[①]费猜思。
天色晴兼雨，心情喜复悲。
来年迎北雁，清泪堕南池。

【注】　①往事：作者又拟作“去日”。

梁 园（其三）

虽说梁园好，云山久别离。
远天余落日，向晚起归思。
紫塞朔吹①劲，金沙②雁唳悲。
长歌今欲去，梅鹤映滇池。

己未腊月（1980年1月28日）于辽大

【注】 ①朔吹：作者又拟作“霜风”。
②金沙：作者又拟作“红河”、“乌蒙”。

五十岁生日

布衣未①必羡当涂，天降斯人一丈夫。
绛帐唯凭三寸舌，白头犹许五车书。
求知恰似尝鸡蹠②，经世亦曾捋虎须。
子厚题诗愚石上③，严陵濑侧结④蓬庐。

己未岁末（1980年2月初）于辽大

【注】 ①未：作者又拟作“何”。
②原注：《吕氏春秋》：善学者若齐王食鸡，必食其跖，数千而后足。喻为学务博始有味。跖即蹠。
③原注：柳宗元居永州，作《八愚诗》，记于溪石上。
④结：作者又拟作“有”、“筑”。

还乡五章[1]

其　一

榆关回首问流年，半是风尘半是烟。
梅雨今朝迷远岫，梨花昨岁覆离筵。
结庐人境思元亮，会友鹅湖待九渊。
何处踏歌声断续，桃花潭水对云天。

辛酉三月（1981年4月）于云大

【注】　①原题注：仲春有怀。按，五章中“其三”、“其四”散见于后，“其五”未详。

南归一载有感（其二）

飘零[1]身世入毫颠，哀乐哭歌满彩笺。
酒酹渡头呼屈子，梦飞海角觅[2]坡仙。
归来松菊遮三径，老去鲲鹏望九乾。
徐看秋窗旋北斗，丹枫明日满幽燕。

辛酉初秋（1981年9月）于云大

【注】　①零：作者又拟作“蓬”。
②觅：作者又拟作“访”。

纪念鲁迅先生诞生一百周年

浩茫心事接青云，化作奔雷堕[1]万钧。
岂谓风骚终阒寂，耸听呐喊动乾坤。
笔融冰雪添春色，血荐轩辕草檄文。
不尽长江流日[2]夜，坟前芳草碧如茵。

辛酉七月（1981年8月）于云大，
庚戌八月（1970年9月）过上海，初稿

【注】　①堕：作者又拟作“力”。
②日：作者又拟作“昼”。

至公堂[1]

闲步漫寻旧讲台，尚闻[2]拍案堕惊雷。
千秋正气应犹在，堂外梅花傲雪开。

壬戌正月（1982年3月）于云大

【注】　①原题注：闻一多先生最后一次演讲处。
②尚闻：作者又拟作“当年”。

长 联

怀抱千秋注[1]笔端，情思万斛付湖山。

高人已御清风去，翰墨长留天地间。

壬戌五月（1982年6月）于云大

【注】 ①注：作者又拟作“上”。

聂耳墓

石破天惊发浩歌，奔霆击起五湖波。

青山常护衣冠塚，柏浪松风[1]意兴多。

壬戌七月（1982年8月）于昆明西山

【注】 ①柏浪松风：作者又拟作“万籁千声”。

卜　居[①]

庭树别时此及肩，重临枝叶已参天。
书生劫后嗟秦火，云雁飞来落故渊。
失马昔曾询塞叟，举觥今欲效张颠。
昆湖雨霁明如镜，携友浮槎[②]钓碧涟。

壬戌八月（1982 年 9 月）于昆明

【注】　①原题注：还乡五章之三。
②槎：作者又拟作为“舟”。

赠别叶嘉莹先生

跃登万仞落矶山[①]，远眺长城第一关。
他日观鱼临北海[②]，滇池亦可钓层澜。

壬戌十月（1982 年 11 月）于云大

【注】　①叶在加拿大温哥华大学执教。温哥华面临太平洋，背枕落矶（基）山。
②北：作者又拟作“渤”。原注：北京北海公园。

息 影[1]

少陵息影浣花居，修竹井桐护我庐。
烟[2]树鸣鹂[3]书院静，霜筠拂雨晓窗虚。
风生陋室闻琴瑟，诗到辋川似画图[4]。
张翰思归终适志，故乡是处有菰蒲。

癸亥七月（1983 年 8 月）于云大

【注】 ①原题注：还乡五章之四。
②烟：作者又拟作“高”。
③鹂：作者又拟作“鸠”。
④似：作者又拟作“胜”。原注：王维诗，人称诗中有画。

孙髯翁

蓝天碧海唛青山，韵士凌空乘[1]彩鸾。
我负襟怀涵广宇，驱风共作太虚搏。

癸亥十月（1983 年 11 月）于昆明

【注】 ①乘：作者又拟作“控”、“御”。

深夜漫步

三更无睡意，漫[①]步出书房。
庭树皆如墨，太空[②]不见光。
横斜春雨细，远近路灯黄。
伫立尘寰静，家家入梦乡。

甲子四月（1984 年 5 月）于云大

【注】 ①漫：作者又拟作“独”。
②空：作者又拟作“虚”。

甲子重阳游筇竹寺

寒山笼雾[①]景迷离，独伴清秋上翠微。
筇竹寺幽奔濑响，昆阳海立雁行垂。
雄风落帽嘲长史[②]，芳[③]菊满头效[④]牧之。
步出山门迎夕照，川原历历染金辉。

甲子重阳（1984 年 10 月 24 日）初稿

【注】 ①寒山笼雾：作者又拟作“高岑薄雾”。
②原注：孟嘉官征西大将军长史。
③芳：作者又拟作“野”、“秋”。
④效：作者又拟作“思”。原注：杜牧《九日齐山登高》：“尘世难逢开口笑，菊花须插满头归。”

柳宗元[1]

遥想[2]诗魂已远飏，群峰翘企[3]对鸿茫。
十年投迹蛮荒地，百代出尘云汉[4]章。
青史重标八司马，寒江犹自九迴肠[5]。
枕肱忽梦愚溪月，子厚邀吾进一觞。

甲子冬月（1984年12月22日）于云大改成；

庚戌盛夏（1970年9月）和母亲游柳州，初稿

【注】①原题注：讲授柳宗元诗文。
②遥想：作者又拟作“叹惜”。
③企：作者又拟作“首”。原注：翘企，望之切也。《三国志》：“不胜翘企”。
④云汉：天河也。《诗经》：“倬彼云汉”。
⑤寒：作者又拟作“柳”。原注：柳宗元诗：“岭树重遮千里目，江流曲似九迴肠”。

游螳螂川

洄澜鸣石壁，身近[1]子陵滩。
渔父缘溪往，赤松采药还。
波光侵竹影，野翠染云山。
独步虹桥上[2]，川流夕照残。

乙丑端阳前一天
（1985年6月21日）于安宁温泉

【注】①身近：作者又拟作“声似”。
②此句作者又拟作“久坐危崖上”。

游曹溪寺

吾来不问禅，本性爱溪山。
宋寺元梅古[1]，珠泉石濑寒[2]。
幽篁遮鸟道，野果落儒冠。
归路疏钟远，松风三径闲。

乙丑（1985年6月22日）
端午写于安宁温泉

【注】①原注：曹溪寺系宋代建筑，庭中有元梅一株。
②原注：曹溪寺外二里许石壁下有珍珠泉。

乙丑中秋大观楼赏月[①]

纤云腾[②]素练，堤柳捧冰盘。
美景思高咏，古人招不还。
楼前秋水阔[③]，天上月宫寒。
遥共诗魂语，如今天下[④]安。

乙丑（1985年9月29日）

【注】①原题注：次韵丙午中秋旧作（步原韵）。
②腾：作者又拟作“浮”。
③阔：作者又拟作“淡”。
④天下：作者又拟作“四海”。

乙丑重阳登龙门

峰如睡女枕岚霏，策杖提壶攀崄巇。
蛇径凿穿巉壁裂，龙门俯视野鸥飞。
凭[①]栏暂作李膺[②]客，采菊独寻元亮扉。
逸兴更凭鸿翼去，湖光遥入白云隈。

乙丑重阳前（1985年10月9日）初稿

【注】①凭：作者又拟作“依”。
②原注：李膺，字元礼，东汉襄城人，桓帝时为司隶校尉，风裁峻整，太学中称为天下楷模李元礼。士被容接者，名为“登龙门”。

重阳诗会重游庚园[①]

遥望蒹葭外，流光不可寻。
少年留[②]胜事，水榭忆[③]童心。
湖上浪堆雪，篱边菊绽金。
重阳诗会盛，幽径[④]独沉吟。

乙丑九月九日（1985 年 10 月 22 日）

【注】 ①原题注：1942 年首游庚园。
②留：作者又拟作“多”。
③水榭忆：作者又拟作“蓬鬓觅”。
④幽径：作者又拟作“闲步”。

游鸣凤山金殿

鸟语松风空谷音，仙阶引我入云[①]林。
霜钟惊起半规[②]月，铜瓦尚留[③]万点金。

乙丑九月（1985 年 10 月 25 日）

【注】 ①云：作者又拟作“烟”。
②半规：作者又拟作“一轮”。
③铜瓦尚留：作者又拟作“古殿偏留”、“古殿斜阳”。

登郑成功水操台

水操台上望，宝岛隔[1]沧瀛。
跨海飞虹现[2]，何时归棹行[3]。
斜阳鸥鸟下，雪浪暮云平。
相祝人长久，中天月色明。

癸亥九月（1983年10月）
于厦门鼓浪屿，乙丑九月
（1985年10月27日）修改

【注】 ①隔：作者又拟作“阻”。
②此句作者又拟作“不见风樯返”。
③此句作者又拟作“常将青眼迎”。

乡 情

海上金风入钓滩，梦中红叶满燕山。
乡情常共浮云去，重傍长垣第一关。

寄台岛诗人，乙丑九月
（1985年10月26日）于昆明

鸿　雁

台峡来鸿雁，飞临西子湖。

举头呼信使，曾见故人无？

寄台岛诗人，乙丑九月

（1985 年 10 月 26 日）于昆明

登青城山

祖①师终羽化，唯有此山留。

白鹤云中失②，青城天下幽。

千松临绝壁③，万壑响湍流④。

身在⑤极高处，乾坤⑥一望⑦收。

乙丑七月（1985 年 8 月 30 日）于成都，

九月（1985 年 10 月 29 日）修改于昆明

【注】 ①祖：作者又拟作“仙”。

②失：作者又拟作“尽”。

③原注：据道书记载，东汉顺帝时，张道陵曾上山结庐传道，并建玻璃高座，后来羽化成仙。今青城山上有天师洞、祖师殿。此句作者又拟作“寒林迷鸟道”。

④此句作者又拟作“深谷响啼鸠”。

⑤身在：作者又拟作“登上”。

⑥乾坤：作者又拟作“鸿濛”、“川原”。

⑦一望：作者又拟作“眼底”。

游安宁曹溪寺（其二）[①]

坡仙颇[②]好禅，彭泽恋丘山。
僧少[③]梵心静，寺幽花影寒。
泠[④]泉弹古调，烟岭作峨冠。
行到无人处，白云来去闲[⑤]。

乙丑九月（1985 年 10 月 28 日）

【注】 ①原题注：步韵旧作及张熙江老人《游曹溪寺》诗。按，“其一”即前《游曹溪寺》诗。
②颇：作者又拟作“晚”。
③僧少：作者又拟作“地僻”。
④泠：作者又拟作“奔”。
⑤此句作者又拟作“悠然万物闲”、“悠然天池闲”。按，“悠然天池闲”中“池”字据手稿来看也疑作“地”。

垂钓

闲坐钓沧瀛，渔舟唱晚晴。
远山[①]烟霭起，归路[②]满天星。

乙丑十月（1985 年 11 月）

【注】 ①山：作者又拟作“波”。
②归路：作者又拟作“桥上”、“翘首”、“堤外”。

笛 声

苔径少人行，空山竹[1]笛清。
曲终枫[2]叶落，遥看晚霞明。

乙丑十月（1985 年 11 月）

【注】①竹：作者又拟作“玉”。
②枫：作者又拟作“风”。

征 帆[1]

秋色来天地，湖光一镜明。
孤帆[2]终[3]不返，犹向水边行。

乙丑十月（1985 年 11 月）

【注】①诗题作者又拟作“风樯”。
②孤帆：作者又拟作“征帆”、“片帆”、“牙樯”、“风樯”。
③终：作者又拟作“虽”。

“一二·一”四十周年有感三首

其　一

冠盖忽盈庭，纸花簇晓陵。
当年同蹈火，相顾[1]几簪缨。

乙丑十月（1985 年 12 月 1 日）

【注】　①相顾：作者又拟作“今日”。

其　二

奋臂曲街行[1]，流年尚梦萦。
同窗多白发，仔细议生平。

乙丑十月（1985 年 12 月 1 日）

【注】　①曲：作者又拟作“绕”。此句作者又拟作“奋臂撼春城”。

其　三

蹀躞入空庭[1]，萧萧烈士陵。
山川留正气，虬柏几株青[2]。

乙丑十月（1985 年 12 月 1 日）夜间

【注】　①此句作者又拟作“落叶舞轻盈”。
　　　　②此句作者又拟作“枝外数峰青”。

白　鸥[①]

素女翩翩下彩虹，白衣嬉戏逐江风。
银辉一片瑶池冷，千朵琼花碧[②]水中 。

乙丑冬月（1985 年 12 月中）

【注】　①原题注：乙丑冬，白鸥翔集滇池、翠湖、盘龙江，经冬不去，蔚为奇观。
②碧：作者又拟作“浮”。

周总理逝世十周年

白花似海泪如泉，哭别灵车已十年。
临去清风盈两袖，毕生国运负双肩。
金陵深院寒梅早，赣水晴波初日圆。
云际骨灰皆入土，川原豆麦碧连天。

乙丑腊月（1986 年 1 月 8 日）

黑龙潭赏明茶二首

其一

暗许芳心付可人，绛衣仙子落风[1]尘。
诗坛代谢山川老，独领花魁几百春。

丙寅年上元节（1986年2月末）

【注】①风：作者又拟作“红”。

其二

春风劝酒酌龙泉，古树娇花醉欲眠。
漫扫落红人去后，空庭徐步数流年。

丙寅年上元节（1986年2月末）

兰桡

兰桡迎[1]夕照，柳[2]岸洞箫声[3]。
远岫[4]寒烟起，天边明月升。

丙寅二月（1986年3月15日）

【注】①迎：作者又拟作“笼”。
②柳：作者又拟作“两”。
③洞箫声：作者又拟作“对歌声”。
④远岫：作者又拟作“淡淡”。

游武定狮山

明帝发髡处①，西南第一山。
寺藏林海里，峰出白云端。
霞客寻幽去，髯翁题句还。
高人浑不遇②，松下水潺潺。

丙寅二月（1986年3月29日）游狮山

【注】①发髡：作者又拟作“皈依”。原注：1402年6月“靖难兵”入南京，建文帝出逃，后至武定狮山正续禅寺，落发为僧。“……飞凤易芒履，来隐西南第一山。”
②此句作者又拟作“花飞人散尽”。

游狮山读建文帝诗有感

靖难烽烟起，操戈叔侄间。
帝京非净土，僧帽替皇冠①。
天涧鸣空谷，晨曦照蒲团。
此间通佛国②，不必梦金銮。

丙寅二月（1986年3月30日）

【注】①替：作者又拟作“胜”。原注：1399年（建文元年），燕王朱棣以“清君侧为名，率师南下。叔侄王位之战持续到1402年6月，建文出逃至狮山为僧。
②通佛国：作者又拟作“天路近”。

游蝴蝶泉

觅我孩童趣，重来南诏游①。
泉边寻蝶梦②，石上望兰舟。
几处山花艳，一泓清涧流。
林中③踟躇久，岁月不能留④。

丙寅三月（1986年4月20日）于下关

【注】①原注：1939年至1942年初曾在下关读小学（五年级），后迁至大理，小学毕业，转入大理一中（初一），游蝴蝶泉。
②梦：作者又拟作“影”。
③林中：作者又拟作“空林”。
④此句作者又拟作“归路月如钩”。

苍洱行

追逐徐霞客，行吟到下关。
金梭浮洱海①，玉带锁苍山②。
塔下③情歌起，城中花信阑。
适逢三月会④，策杖不思还。

丙寅三月（1986年4月23日）
于大理，五月修改

【注】 ①原注：洱海东侧有金梭岛。
②原注：苍山山腰，常有细云如玉带。
③下：作者又拟作为“畔”。
④原注：大理三月街。

楚雄行

路出崇山[①]外，白云相送迎。
为寻仙鹿迹[②]，偶作古城行。
峨碌群峰翠，龙江九曲清。
长吟随兴返[③]，雁塔不题名[④]。

丙寅三月（1986 年 4 月 27 日）于楚雄

【注】 ①崇山：作者又拟作“蚕丛”。
②原注：相传古代彝人追逐一鹿，至一片丰美草地，鹿隐而不见。彝族先民即于此处建楚雄城，又名鹿城。
③返：作者又拟作“去”。
④城内外有龙江、峨碌山、雁塔等名胜。

贺云南老年人诗协成立

浓云滚滚扑幽燕[①]，国运千钧一发悬。
志士揭竿临大泽[②]，义师驱虏过朱仙[③]。
寰中几见狂飙落[④]，篱外初开霜菊妍。
秋染山枫红[⑤]胜火，诗情未老入[⑥]毫颠[⑦]。

丙寅四月（1986年6月2日）

【注】 ①原注：指“九一八”事变前后。
②原注：秦（公元前209年）陈胜、吴广于大泽乡起义。
③原注：南宋初，岳飞率军抗金，前锋直破朱仙镇（河南）。
④狂飙落：作者又拟作“奔霆落”。
⑤红：作者又拟作“应”。
⑥入：作者又拟作“注”。
⑦毫颠：作者又拟作“华笺”。

天祥中学校庆四十五周年（四首）

抗　战（其一）

狼烟滚滚过江淮，荟萃滇中志①士来。
春染南城桃李艳，擎天须仗②栋梁材。

【注】①志：作者又拟作“名”。
②仗：作者又拟作“待”。

学　运（其二）

苍①天如晦待鸡鸣，篝火熊熊②映草坪。
满目疮痍③民怨烈，青衿④振⑤臂震边庭。

【注】①苍：作者又拟作“长”。
②熊熊：作者又拟作“一堆”。
③满目疮痍：作者又拟作“四海汹汹”、“国事日非”。
④青衿：作者又拟作“书生”。
⑤振：作者又拟作“奋”。

毕　业（其三）

金汁潺缓叹逝波，长亭挥泪别情多。
征途每忆[1]同窗友，梦里犹闻[2]毕业歌。

【注】　①每忆：作者又拟作“难忘”。
②犹闻：作者又拟作“萦回”。

校　庆（其四）

重临母校旧亭台，往事无端次第来。
昔日少年今已老，相期后辈出[1]英才。

丙寅四月（1986 年 5 月 2 日）初稿，
丁卯（1987 年）四月修改

【注】　①出：作者又拟作“继”。

拜读《红杏书屋诗集》有感

少怀鸿鹄志，健翮择梧桐。
求教袁嘉老，追攀杨慎公。
樽前红杏集，灯下白头翁。
遥想梨花坞，晚霞依古峰 。

戊辰仲秋（1988 年 9 月）

丁卯上元

喜逐人流去，观灯水月轩。
烟花溅银汉，倒影绽红莲。
堤外鳌山丽，枝头飞镜圆。
置身光彩里，珍惜太平年。

丁卯正月十五日（1987年2月）

贺金碧诗社成立一周年（二首）

其　一

虎跳峡前腾玉龙，山皆横断见雄风。
南陲历代多[1]才俊，孰谓千秋一髯翁。

【注】　①多：作者又拟作“诗”。

其　二

神骏灵鸡两[1]剑锋，滇池雪浪接鸿濛。
江山如画诗人老，得酒能狂效放翁。

丁卯八月（1987年9月26日）

【注】　①两：作者又拟作“出”。

兔年除夕

忆昔残年尽，梦依北海湄[1]。
将辞丁卯岁，难得[2]太平时。
万户华灯亮，满城凤管吹。
今[3]宵虽独酌，远近烟花飞[4]。

戊辰正月初一（1988 年 2 月）

【注】 ①依：作者又拟作“惊”。湄：作者又拟作“隈”。此句作者又拟作“梦随雁字归”、“梦随南雁归”、“梦随仙鹤归”、“梦随辽鹤归”。
②难得：作者又拟作“珍惜”。
③今：作者又拟作“良”。
④此句作者又拟作“四海彩花飞”、“五色彩花飞”。

贺金碧诗社成立三周年

漫酌澜沧万顷[1]涛，雪山云岭酹[2]岧峣。
三迤诸老[3]多神韵，宁让升庵风骨高。

己巳正月十五（1989 年 2 月）初稿，
五月（1989 年 6 月）定稿

【注】 ①万顷：作者又拟作“饮雪”。
②酹：作者又拟作“并”。
③诸老：作者又拟作“佳制”。

题昆明居士林[1]

淡淡西泠月[2]，萧萧[3]处士林。
树台皆幻象，无物亦无心。

己巳年五月（1989年6月18）
于桂花巷居士林

【注】 ①原题注：步韵文勋兄同名五绝。
②此句作者又拟作“波上西施影”。
③萧萧：作者又拟作“水中”、“画中”。

和友人《武汉东湖小住》一首[1]

黄鹤高飞入紫阁，梦中只见大江奔。
飘临[2]北渚风将起，行到[3]东篱酒尚温。
乐境[4]醒来成画饼，武陵不信有桃源[5]。
寒光笑我临花甲，犹得春阳照[6]棘门。

己巳年十一月（1989年12月23日）

【注】 ①原题注：将临六十岁生日。
②飘临：作者又拟作“漫游”、“行舟”。
③行到：作者又拟作“又访”、“忽到”、“策杖”。
④乐境：作者又拟作“净土”。
⑤此句作者又拟作“渔人诳说有桃源”、“渔人诳说访桃源”。
⑥照：作者又拟作“扣”。

云南诗词协会成立

古迹斑斓铁柱标，山川雄秀亦堪豪①。
群峰横断临天堑，诸水南流下巨濠。
霞客投边迎瘴疠，升庵落笔起波涛。
文工穷后诗言志②，师法少陵兼及③骚。

己巳年六月（1989 年 7 月 24 日）
于附一院病床上

【注】 ①亦堪豪：作者又拟作“育英豪”。
②此句作者又拟作“言志缘情惊风雨”。
③及：作者又拟作“法”。

澄江记游三首

抚仙湖畔观音阁（其一）

观音阁外海天空①，菩萨像前香火红。
若问梵天②何处是，禅机只在汝心中。

【注】 ①海：作者又拟作“暮”、“水”。此句作者又拟作“观音阁外晓天钟”。
②梵天：作者又拟作“涅槃”、“真如”。

抚仙湖之传说（其二）

双仙遗迹漫相寻，一派湖光万点金。
日暮停[1]舟悬壁下，紫烟缭绕护高岑。

【注】 ①停：作者又拟作“泊”。

西龙潭及其神话（其三）

波生鳞甲拥晴岚[1]，山似盘龙倒影涵。
遍注秧田千万顷，更留神话助清谈[2]。

己巳十月（1989年11月）初稿于澄江，
冬月（12月）定稿于昆明

【注】 ①拥晴岚：作者又拟作“出澄潭”。
②此句作者又拟作“长留佳话后人参”。

六十自寿诗[1]（二首）

其　一

黄鹤高飞入九阍，梦中惟见大江奔。
飘临北渚风将起[2]，步入东篱酒尚温[3]。
乐境[4]醒[5]来成[6]画饼，人间[7]不信有桃源。
寒光笑我临花甲[8]，犹[9]待春风[10]到棘门。

【注】①原题注：和涂光社君见寄。按，此诗与前《和友人〈武汉东湖小住〉一首》相近。涂光社，当即前诗所称“友人”。

②飘临：作者又拟作为“行舟”。此句作者又拟作为“心随氾泭玄渊冷”。原注：泭，木筏之类

③步入：作者又拟作“策杖”。此句作者又拟作“步入柴桑松菊存”、“忽入柴桑松菊存”。

④乐境：作者又拟作“幻境”。

⑤醒：作者又拟作“历”。

⑥成：作者又拟作“皆”。

⑦人间：作者又拟作“武陵”。

⑧此句作者又拟作“寒光伴我庆花甲”。

⑨犹：作者又拟作“静”。

⑩风：作者又拟作“光”。

其　二

昨夜硝烟蔽九阍[①]，朝来沧[②]海怒涛[③]奔。
共工触柱[④]苍穹裂，劫[⑤]火遮天[⑥]灰烬存。
变法常悲壮飞志[⑦]，浮槎直溯大河源[⑧]。
啸闻百步嗣宗返[⑨]，纵酒谈玄月照门[⑩]。

己巳腊月末（1990年2月）初稿，
庚午元月（1990年2月18日）修改

【注】①此句作者又拟作“昨晚腥风蔽九阍”。
②沧：作者又拟作“四”。
③涛：作者又拟作“潮”。
④触柱：作者又拟作“折柱”、“怒触”。
⑤劫：作者又拟作“秦”。
⑥遮天：作者又拟作“焚书”。
⑦原注：谭嗣同，号壮飞，字复生。此句作者又拟作“除弊空怀复生志”、“读史几番书正气”。
⑧浮槎：作者又拟作“求真”。此句作者又拟作“穷经每欲到河源”、“求真欲到大河源”、“反思欲探大河源”。
⑨此句作者又拟作“竹林思远嗣宗去”、“竹林漫约嗣宗饮”。
⑩月照门：作者又拟作“深闭门”。

天祥中学五十大庆

潺潺金汁涨痕新，似水流年历五旬。
创业先贤[1]凭赤手，树人百载[2]育青衿。
同窗犹[3]念皆童稚，策杖重逢若毗邻。
相约踏春来[4]故地，东胶幼木又成林。

庚午二月（1990 年 3 月 31 日）

【注】①先贤：作者又拟作“披荆”。
②树人百载：作者又拟作“为民沥血”。
③犹：作者又拟作“常”。
④来：作者又拟作“游”。

宜良九乡游

老夫师造化，来探九乡春。
洞里天河坠[1]，谷中[2]石濑奔。
婉如虚幻[3]境，且效[4]武陵人。
水尽山穷处，枕肱看野云。

庚午三月（1990 年 4 月 2 日）

【注】①坠：作者又拟作“下”。
②谷中：作者又拟作“峰间”、“峡中”。
③虚幻：作者又拟作“太虚”。
④且效：作者又拟作“愿作”。

己巳中秋

独酌邀明月，婵娟[1]入酒卮。

人间天上远，相望寸心知[2]。

己巳秋（1989年9月）初稿，

庚午三月（1990年4月8日）修改

【注】 ①婵娟：作者又拟作“清辉”。

②相望：作者又拟作“两处”。此句作者又拟作“唯有梦中知”。

寄台湾友人[1]

雁来留印迹，云岭一相逢。

天马何时到[2]，灵犀两处通[3]。

别时春黯淡，今夜月朦胧。

寄语多踟蹰，海山隔几重。

庚午冬月（1990年12月2日）

【注】 ①诗题作者又拟作“寄台岛诸学友”。原题注：1990年4月3至8日在昆召开海峡两岸学者参加的中国传统文化讨论会。

②此句作者又拟作“青鸟何时至”、“天马无羁束”。

③处：作者又拟作“地”。此句作者又拟作“灵犀本自通”。

银 杏[1]

此树通人意[2]，久[3]怀思[4]慕心。
流年伤往事[5]，慰我有清荫[6]。
秋色悠然至，春光不可寻[7]。
俯身拈一片[8]，黄叶有知音[9]。

庚午冬月（1990 年 12 月 8 日）

【注】 ①原题注：赠银杏社。
②此句作者又拟作“树亦通灵性”、“闻说思想树”。
③久：作者又拟作“常”。
④思：作者又拟作“爱”。
⑤伤：作者又拟作“思”。此句作者又拟作“少时多梦境”、“当年多胜事”、“闲时生雅兴”。
⑥此句作者又拟作“几度入林阴”。
⑦此句作者又拟作“青春不可寻”。
⑧此句作者又拟作“案头留一叶”。
⑨有：作者又拟作“觅”、“获”。此句作者又拟作“垂老有知音”、“仔细觅知音”。

题西山龙门峭壁

嵯峨壁立欲擎天，鸿鹄高飞才及肩。
不羡秦皇封岱岳，何劳道子记心田[1]。
穹庐倾覆无须补[2]，沧海横流孰可填[3]。
吾本狂生违于世，与君相约卧云颠。

1964 年 7 月回昆明探亲游西山；
1991 年（辛未）7 月修改

【注】 ①原注：天宝中，玄宗忽思蜀道嘉陵江山水，令吴道子往写其貌。及返，问其状，曰："臣无粉本，并记在心。"乃图嘉陵江山水于大同殿，一日而毕。
②原注：女娲炼石补天。
③横流：作者又拟作"混茫"。原注：精卫衔石填海。

咏路南石林

崇崖林立霄壤间，历尽洪荒亿万年。
巧作玲珑居绣户，何如磊硌俯苍烟。
千秋日月悬天际，百代兴衰过眼前。
晨雾晚岚来复去，峥嵘兀自露危颠。

1964 年 7 月初稿于路南，
1991 年（辛未）7 月修改

云南诗词学会二届年会抒怀三首

其　一

遥想长通组合歌①，樾村②绝句本难和。
莫言地僻神思少，自古南疆韵士多。

【注】　①原注：盛览，字长通，号称云南词章初祖，作有《组合歌》、《列锦赋》等。
②原注：赵藩，白族，字樾村，《仿元遗山论诗绝句论滇诗六十首》是其名作。

其　二

蝴蝶泉边传古调，螳螂川畔对情歌。
风谣犹待诗人采，下里阳春期唱和。

其　三

洱海晓烟笼①远波，石林落日映嵯峨。
诗情常共乡情茂，相约抒怀意若何。

辛未正月（1991 年 2 月 23 日）

【注】　①笼：作者又拟作“迷”。

红山茶

新枝染就映霞丹，万点胭脂可证禅。
佛祖拈花迦叶笑，山茶悦我我嫣然。

辛未春节（1991 年 2 月 25 日）
游金殿茶花园

白山茶

鹤丹猩血竞妖娆，玛瑙珊瑚夸富豪。
独赏雪妆无俗韵，姮娥起舞我吹箫。

辛未春节（1991 年 2 月 27 日）

野　梅

檀心玉色傲清寒，雪后萧条百卉殚。
不着艳妆媚世态，唯将疏影伴孤山。

辛未（1991 年）上元

神游石林

人说峨眉山色秀，石林奇伟确为先。
层崖蔽日千锋剑，曲径抬头一线天。
端坐莲台沐晚照，漫挥玉笏拂寒烟。
云浮群巘皆成屿，身入蓬莱我是仙。

次韵六四旧作，辛未（1991 年
7 月 22 日）改成于昆明

石林漫步

不见阿诗玛，巉岩似密林。
手攀千仞壁，坐看万重云。
叶笛传空谷，芦笙恋夕曛。
石峰穿暮霭，仙岛指迷津。

辛未（1991 年 7 月）初稿，
壬申（1992 年 11 月 10 日）游石林改

《思想战线》百期志庆

南天形胜望中收，荟萃文章仰止楼[①]。
高论兼容文史哲，争鸣远涉夏商周。
三迤民俗多奇彩，万里长江踞上游。
更喜名声传海外，洛阳纸贵竞相求。

辛未（1991年8月18日）

【注】 ①原注：《思想战线》编辑部所在处，昔名“仰止楼”，取“高山仰止”之义。

南诏纪游五首

剑川石窟

蜿蜒丝路过敦煌，巨佛巍峨数洛阳。
偏爱南疆茶马道，石钟未必让云岗。

宝相寺

碧瓦朱栏绝壁间，雪山剑海列窗前。
元阳霞客[①]云游去，杯酌灵泉待古贤。

【注】 ①原注：李元阳与徐霞客。

石宝山歌会

对歌四起绕云峰，篝火艳妆相映红。
舞乐腾欢人欲醉，老夫亦自沐春风。

三道茶

犹忆当年五朵花，望穿洱海碧无涯。
今宵起舞多仙子，丝竹笙琶三道茶。

玉带　碧溪　蝶泉

难忘苍山玉带围，曾临禹穴碧溪垂。
儿肘情境浑无迹，漫逐泉边彩蝶飞。

辛未白露（1991 年）赴大理
参加西南民族文化研讨会

辛未岁末

秋光剪取作书笺，银杏道中送旧年。
且待枝头添嫩绿，泮宫学子过三千。

辛未（1991 年 12 月 27 日）

恭贺李埏先生治学执教五十周年

手栽幼树已参天，琢玉东胶五十年。
宏论几曾传海内，巨霆何惧落窗前。
通今博古专唐宋，秉笔直书随史迁。
风范八旬真不减，高徒竞出法先贤。

壬申（1992年5月14日）

齐鲁行①（七首）

济南漱玉泉李清照纪念馆

地涌灵珠化碧池，天开②明镜照冰姿。
金风长叹“黄花”句③，万古伤心漱玉词。

【注】 ①原题注：赴山东大学参加全国高校美育研讨会。
②开，作者又拟作“生”。原注：李易安卜居漱玉泉。
③叹：作者又拟作“恋”、“赞”。原注：易安词中之名句“帘卷西风，人比黄花瘦”。

谒孔庙

殿宇辉煌气象殊，当年洙泗一蓬庐。
哀麟叹凤老将至[1]，遥拜先师我不孤。

壬申（1992年5月31日）
游孔庙、孔府、孔林

【注】 ①原注：《论语》，子曰："凤鸟不至，河不出图，吾已矣夫。"《左传》，鲁哀公十四年（前481年），西狩获麟，孔子反袂拭面，涕泪沾袍，曰："吾道穷矣。"

谒颜庙

鲁侯宫阙已成灰，陋巷于今留古碑[1]。
瓢饮何妨生不遇，贤哉百代赞颜回[2]。

壬申（1992年5月31日）于曲阜

【注】 ①原注：颜子生前居处，有碑，题"陋巷故址"。明万历元年，山东巡抚赵贤书。

②原注：《论语·雍也》，子曰："贤哉回也！一箪食，一瓢饮，在陋巷。人不堪其忧，回也不改其乐。贤哉回也！"宋代司马光作《颜乐亭颂》，苏轼作《颜乐亭诗》。

石门夜话[①]

朝雨霏霏暮又风，重临川上六旬翁[②]。
余生犹自伤形役[③]，相约云游访赤松[④]。

壬申（1992 年 5 月 23 日
至 16 日）于石家庄

【注】 ①原注：石门石家庄，与再衡同访休武。
②原注：《论语》：“子在川上曰：‘逝者如斯夫！不舍昼夜。’”
③原注：陶渊明《归去来辞》：“既以心为形役，奚惆怅而独悲。”
④原注：赤松子，古得道成仙者。

登泰山[①]

攀崖拾级不曾停，脚下峰峦晓雾腾。
手揽碧霞登岱顶，白云环峙立亭亭。

壬申（1992 年 5 月 30 日）登泰山，
经南天门、天街到玉皇顶

【注】 ①原题注：步杨辛教授《南天门眺望》诗原韵。

附原诗　杨辛教授《南天门眺望》：

清风万里汗初停，盘道千重若龙腾，
云中回首惊来路，一片青烟遥参亭。
注：遥参在泰安市岱庙南，与岱顶玉帝庙相呼应。

游大明湖

烟笼碧[1]柳影婆娑，风送莲舟剪绿波。
历下春光浓胜酒[2]，遍寻名士梦刘鹗[3]。

壬申（1992年5月28日）于济南

【注】①碧：作者又拟作“翠”。
②胜：作者又拟作“似”。原注：历下亭位于大明湖畔，何绍基手书对联曰：“历下此亭古，济南名士多。”杜甫之原句为“海右此亭古，济南名士多”。
③原注：刘鹗字铁云，晚清名士，曾游大明湖，著有《老残游记》。

赠晓琴

家学师承本有源，杏坛弦颂历十年。
儒林久失春秋笔，梦里漫寻司马迁。

壬申（1992年6月1日）到保定伍晓琴家

星云湖二首

其　一

四围云水护高岑，独[①]坐崖巅日月临。
梦醒蓬莱仙境灭，湖心朝夕伴禅心。

【注】　①独：作者又拟作“趺”。

其　二

仁者胸怀本爱山，智如泉涌水潺潺。
澄湖玄湛深难测，一片慧心万古澜。

壬申（1992 年 8 月）游江川

辛未年中华诗词理论研讨会口占

粤海春风入上京，花阴遍覆玉溪城。
诗词亦自添双翼，格律何曾缚我情。

壬申（1992 年 8 月 21 日）

【注】　附原诗　赵佳聪老师《咏春风》奉和赵仲牧先生诗原韵：
和煦春风满盛京，神州是处锦花城。
焚坑罢黜皆陈迹，喜得今朝赋至情。

再步原韵口占

子美相邀入帝京，东坡指引汴梁城。
唐风宋韵皆真性，今古灵犀一脉情。

壬申（1992年8月21日）于玉溪

题赠郭鑫铨君

佛陀常叹众生忙，林下逍遥赞郭郎。
历尽炎凉何足道，诗心不老任翱翔。

癸酉（1993年）闰三月初三

诗 狂

南柯一梦①太匆忙，偶逐清风到草堂。
野水荒湾②皆旧识，哭歌③容我作诗狂。

癸酉（1993年4月22日）

【注】 ①南柯一梦：作者又拟作“桑田沧海”。
②野水荒湾：作者又拟作“修竹茂林”。
③哭歌：作者又拟作“少陵”。

乌托邦

试问天堂何处求，蓬莱常在水中浮。
痴人执意寻仙境，玉树琼花皆蜃楼。

癸酉闰三月十六日（1993年5月7日）

吟 坛

吟坛忆昔雨加霜，雅颂今成名利场。
南社遗风应未泯，毫端正气再飞扬。

癸酉（1993年）四月

银杏社成立十周年

种石伯雍终获玉[①]，十年银杏已成林。
文坛风雨常相问，漫寄诗人一寸心。

癸酉仲秋（1993年9月24日）

【注】 ①原注：《搜神记》云：有人给杨伯雍一斗石子，杨把石子种在土中，结果生出碧玉来，并获得白璧五双。

偶 成

奔驰远近箭离弦，宾馆参差高触天。
人境笔耕心自远，吾同帝力[①]本无缘。

癸酉（1994 年 4 月 29 日）

【注】 ①原注：暗用“……帝力与我何有哉！”

张文勋同年执教治学四十年

夏弦春诵似流星，贡院黄花恋晚晴。
老去杏坛虽寂寞，隔窗犹见读书檠。

银杏道二首

暮 春（其一）

幼枝昔日望穹苍，巨干春来翠盖张。
树木树人双鬓白，浓荫慰我一生忙。

甲戌（1994 年）暮春

金　秋（其二）

树荫改着帝王装，满目[①]生辉疑梦乡。
夕照穿行金洞穴，华光斟满九霞觞。

甲戌（1994 年）深秋

【注】　①满目：作者又拟作“熠熠”。

诗友以“云路腾飞”为题命作（三首）

仲春广通楚雄行（其一）[①]

奇哉南国丝绸路，左倚苍崖右响泉。
仙洞虹桥腾紫雾，火龙急欲上青天。

【注】　①原题注：坐火车沿广大铁路西行。

盛夏滇西行（其二）[①]

蜀道何如云路难，雄峰横断涧飞澜。
车临凤仪[②]经花雨，遥想玉龙[③]雪作冠。

【注】　①原题注：坐长途汽车沿安楚高级公路西行。
②原题注：大理凤仪镇。
③原题注：丽江玉龙雪山。

腊月西双版纳行（其三）①

山似屏风雾作帷，我骑仙鹤降边陲。
油棕掩映沧江水，刻日扬帆到海湄②。

甲戌（1994年4月20日）

【注】　①原题注：登机飞景洪，复坐船游澜沧江。
②原注：预期澜沧江通航后，将乘船经缅甸、老挝、泰国、柬埔寨到越南胡志明市出海。

乙亥三八妇女节（三首）

其　一

易安墨迹尚留香，秋瑾英魂已远飏。
佳节引来花烂漫，当今才女爱红装。

其　二

裙钗史迹本辉煌，巾帼如今志更张。
若问风骚谁引领，行行皆有女豪强。

其 三

玉环唯恋舞霓裳[①]，昭佩曾为半面妆[②]。
莫笑十年“灰蚂蚁”[③]，风姿竞发换时装。

乙亥春（1995 年 3 月初）

【注】 ①原注：霓裳羽衣曲。
②《南史后妃传》：“元帝徐妃，讳曰佩，无容质，不见礼。帝二三年一入房。妃以帝眇一目，每知帝至，必为半面装以俟之，帝见则大怒而去。”
③原注：“文革”期间，妇女一色着灰色服装，西方人讥笑为“灰蚂蚁”。

赠同窗学友

争鸣稷下意飞扬，携手菊园花已黄。
休问儒林伤往事，深居兀自笔耕忙。

甲戌深秋（1994 年 10 月）

青云街

一别青云岁月侵，只缘伤逝怕重临。
自从雁塔题名后，歌哭几番付苦吟。

乙亥初夏（1995 年 6 月 25 日）

乙亥昆明济南行（六首）

民工潮（其一）

堂上空将明镜悬，朱衣纱帽几人廉。
流民今似过江鲫，长叹苏州愧俸钱[①]。

乙亥六月（1995年7月27日）
昆明石门途中

【注】 ①原注：韦应物，人称韦苏州。《寄李儋元锡》诗云："身多疾病思田里，邑有流忘愧俸钱。"

市场潮（其二）

滔滔四海学陶朱，货殖无须苦读书。
毕竟毛公无远识，焚坑之事太糊涂。

乙亥六月（1995年7月28日）
昆明石门途中

重登泰山（其三）

独爱玄思凌太空，穿云重上日观峰。
心游沧海蓝天外，志在高山流水中。

乙亥六月（1995年8月3日）
重游泰山，山腰大雾

书　坛（其四）

颜筋柳骨寓锋芒，张旭疯癫怀素狂。
天降才人多桀傲，清初八怪更飞扬。

乙亥夏（1995 年 8 月 9 日）

石门春城归途

布　衣（其五）

门第向阳锦上花，春风不到布衣家。
不闻权贵来湓浦[①]，唯有樵夫知伯牙。

乙亥夏（1995 年 8 月 7 日）

石门春城归途

【注】 ①原注：陶潜卜居柴桑、湓浦等地。

玄　学（其六）

玄学难登名利场，为官为贾正张扬。
哲人际遇今如昔，十力衰年独自伤[①]。

乙亥夏（1995 年 8 月 10 日）

石门春城归途

【注】 ①原注：引自五八年出版的《体用论》中熊十力先生自况诗。诗云："……后顾亦茫茫，嗟尔独自伤。"时年七十左右。

向 晚

归鹜流霞临野池，行车向晚欲何之。
婵娟[①]知我心情老，一片空灵化作诗。

丙子（1996年）中秋

【注】 ①婵娟：作者又拟作“银辉”。

丙子论诗绝句六首

君子固穷（其一）

诗人虽有济时方，君子固穷自可伤。
杜曰文章憎命达[①]，屈原魂魄滞湖湘。

【注】 ①原注：杜甫《天末怀李白》：“文章憎命达，魑魅喜人过”。

正始之音（其二）

正始清流尚老庄，生逢季世任狷狂。
嵇康幽愤非名教[①]，阮籍深情寄八荒[②]。

【注】 ①原注：嵇康“非汤武”，“薄周孔”，“任自然”，“越名教”。
②原注：钟嵘《诗品·序》：“言在耳目之内，情寄八荒之表。”

盛 唐（其三）

近体佳篇数盛唐，诗仙诗圣压群芳。
青莲是处思居士[①]，溪雨浣花恋草堂。

【注】 ①原注：李白生于绵州（今四川绵阳）所属彰明县青莲乡，自号青莲居士。

感士不遇（其四）[①]

自古诗才多不遇，少陵身世倍凄惶。
终生潦倒哀东野，举世难容哭子昂。

【注】 ①原题注：陶渊明作《感士不遇赋》。

言志与缘情（其五）

宋词言志也缘情，或婉或豪由性灵。
壮矣稼轩雄似虎[①]，屯田低唱换浮名[②]。

【注】 ①原注：辛弃疾词《永遇乐·京口北固亭怀古》：“想当年，金戈铁马，气吞万里如虎。”
②原注：柳永《鹤冲天》：“忍把浮名，换了浅斟低唱。”

诗如其人（其六）

咏怀、咏史见其人，岛瘦郊寒亦逼真。
六一清风仁者貌[1]，东坡气势本超群。

乙亥（1995年）秋冬

【注】 ①原注：刘季孙诗《寄苏内翰》："二三贤守去非远，六一清风今不孤。"欧阳修晚号"六一居士"。

贡 院

古院高墙返照侵，时光逸去漫搜寻。
愚如子厚终无悔[1]，穷到孟郊不废吟。
春恋海棠妍似锦，秋逢晚菊亮如金。
衰年一任芳菲歇，留得禅家无念心。

丙子冬（1996年11月）

【注】 ①原注：柳宗元作《愚溪诗并序》以自况。

丽江泸沽吟

长江第一湾（其一）

山皆横断成天堑，中嵌长江第一湾。
谷底湍流容虎跳，两厢高并雪峰寒。

玉龙雪山（其二）

冰巾雪帻十三峰，天际蜿蜒似玉龙。
霞蔚云蒸鳞甲动，扶摇直上入苍穹。

丽江览胜（其三）

绿水人家笼晓烟，老君山立紫云巅。
明茶万朵花沾雨，五凤联翩影入泉。

四方街（其四）

四方街景似江南，秀色无边真可餐。
垂柳风来春袅袅，朱楼影动水潺潺。

女儿国（其五）

镜花园里女儿国，背倚神山览远波。
舟似猪槽摇荡去，木楞房下访摩梭。

泸沽湖（其六）

叠嶂层峦护碧珠，晴光鸟影入泸沽。
何劳工匠雕虫技，独爱天然山水图。

丁丑（1997年3月14日至21日）

迎香港回归[1]

南海明珠传口碑，旅游商贸并生辉。
帆樯纷至经欧美，仕女[2]踏来过亚非。
浅水湾头鱼浪暖，太平山顶紫烟微。
欢情献给回归日，港岛还将展翅飞。

【注】　①原题注：香港回归倒计时80天。
②仕女：作者又拟作“宾客”。

七十抒怀二首

其一

几番疏雨洗清秋，又见丹枫映案头。
老病亦曾情戚戚，笔耕依旧兴悠悠。
长城雪霁银蛇舞，云岭春归碧水流。
借问林泉何处好，胸中丘壑可排忧。

【注】　附原诗　伍休武先生《怀仲牧》和赵仲牧先生诗原韵：
举目霜天北国秋，无边远念上眉头。
西山眺望云漫漫，草海遐思水悠悠。
昨见音容翩入梦，今传笑语傲人流。
消息断续灵犀细，最是安康两岁忧。

其二

凌霄阁上望高秋，冥想飞临天尽头。
暮色迎来风浩浩，心潮退去夜悠悠。
麻姑屡见沧桑变，老骥徒伤岁月流。
蓬鸟桃源皆画饼，余生莫问喜兼忧。

发表于《云南诗词》第八辑

龙年咏雪[1]

久恋云深处，古稀何所图。
玄思终不止，狂慧本难除。
岁末霜天闭，梅开阳气苏。
独寻荒径去，玉树万千株。

发表于《云南诗词》第八辑

【注】　①原题注：步韵文勋、佳聪二君同名诗。

二千纪游安宁温泉

华清虽说盛名扬，天下久闻第一汤。
玉液犹思杨氏女，芙蓉出水舞霓裳。

龙年题昆明东西寺双塔

山形湖势气飞扬，舟屋升庵翰墨香。
双塔昔曾迎远浪，城南今已海生桑。

发表于《云南诗词》第八辑

壬午端阳游普者黑

轻舟荡漾庆端阳，十里烟波翠盖张。
雨后湖山迎夕阳，芙蓉出水沐霞光。

2002 年（发表于《云南诗词》第九辑）

芳草吟

萋萋望断碧无垠，野火烧余又吐茵。
才没马蹄春未老，多情长忆绿罗裙。

赞真庆文化广场落成

明清遗韵已还真，名观名祠倍有神。
且喜春城添胜景，广邀诗友进山门。

壬午（2002 年 8 月 9 日）

京渝行（长诗）

京渝之行，散下了一串意象、一些情绪和七零八落的观念。既不是诗，也难成文。是耶非耶，皆为实录。

一、归去来

悠然而去，
　熄灭了期望的焰火。
怅然而归，
　负载着冰川的基座。
湍流，平畴，危峰，绝壑，……
　叠印着细雨，夕阳，村寨，城郭……
　　　遁入了记忆的角落。
归去来兮，
离去吧，诗情，画意，……
　　性灵的漂泊。
归来吧，深居，独处，……
　　冥思的真我。

二、爱智山庄

堕入思辨的迷宫，
　　倾听无边的宏论，
　　力学方程演示出，

座次的排列。

院墙外，

金风独自叹惜，

秋水无意把话说破。

蓝天仍然涵盖一切，

远山更愿意整日缄默。

别了，爱智者，

爱智山庄环抱着，

学人去后屹立的静穆。

三、燕山夜话

摩天楼，地下室，

升降机划出无数轨迹。

仿佛在暗暗诉说。

休论涉世有沉有浮，

“学海无涯”，

任凭那鸟飞鱼潜，

上下求索。

“肯德鸡”，“美味思”，

昆明湖飘来一片黄叶，

寒暄后翩翩入座。

不知人间是春与秋，

“燕山夜话”

牵引出几曲长歌，几缕淡墨。

四、过 客

公共汽车里，
　　沙丁鱼正被挤压，
地铁车厢内，
　　为立足点而争夺。
月台上的百米冲刺，
　　超速的心动，
　　　　追赶着时代的脉搏。
委托特快列车吧，
　　装载身躯的劳顿，
　　　　心灵的瘫缩。

繁华，嘈杂，快节奏，
权利与金钱协作。
随波逐流的弄潮儿，
　　岂能领会，
　　　　过客的寂寞。

五、聚 会

六年前，……
　　翠湖的烟雨，
　　大观楼的晴波。
三年前，……

黔灵的曲径，
圆明园的薄暮。
又是一个金秋，
青年公寓的醇酒，
映出心境老去的焦灼。
青春化为灰烬，
凤凰怎能复活？
只愿玄思的半亩方塘
泉水涓涓，永不浑浊。

云岭，芦沟，
意念的萍踪难以捕捉。
歌哭，哀乐，
机遇的未知数谁能参破。
风云的变幻，
观念的断裂，
命运之神的暗中教唆。

六、渝州讲学

生存假若充溢欢笑，
人的价值谁去追溯？
理性岂能羁绊一切，
审美意识早已逃脱！

聚光的眼睛，
惊雷的掌声，
心中燃起一把火。

探险者毕生的耕耘，
　　未必都是发现新大陆的收获。
怀疑劈开山路，
　　下黄泉，上碧落。
真谛藏在云深处，
　　从无固定的住所。

伊甸园中，
　　一朝吞食天国的智慧果，
哲人的玄思，
　　从此历尽地狱的折磨。

上帝幸灾乐祸，
求知的烈焰，
　　永远烧不尽，
　　　　死之恐惧，
　　　　生之惶惑。

七、山城夜景

车流、船流、人流，意识流，……
　　匆匆而过。

嘉陵换上夜礼服，
长江眷念黄昏一抹。
海棠溪的峰峦，
　　垂下空濛的雨幕。

猛然间，
　　地底的熔浆直冲九霄，
　　山城华光万道，
　　满眼缤纷闪烁。

夜沉沉，雾沉沉，
　　周天星暗月没，
　　莽莽乾坤，
　　重新闭合。
连生机和禅机
　　也陷入黑色的漩涡。

八、渝昆途中

列车，

　　在昼夜之间穿梭。

昨日的轰响，重彩，激情，……

　　淡化，隐化，

　　　　混沌中一派荒漠。

窗外逸去，

　　开无主的野花，

天边悬挂，

　　葬诗魂的冷月，

梦里是，

　　深深的失落！

1988年10月4日离昆，7日抵京，17日离京，18日抵渝，22日南下，23日返昆。11月17日完稿。

楹　联

成都青城山联

天师得道[1]，仙洞[2]余香，一朝白鹤云中去；

深涧鸣鸠，寒林蔽日，千古青城天下幽。

【注】 ①原注：天师得道：青城山为我国道教发祥地之一。相传东汉顺帝时张天师（张道陵）在此修炼传道。据道书记载，后来羽化成仙。

②原注：仙洞，即天师洞，为张天师结茅传道之所。

柳州柳宗元祠联

顺宗革新[1]，宪宗复旧[2]，十年投迹蛮荒地。且喜苍天有眼，昭昭青史重标八司马；

柳州题句[3]，永州记游，百代出尘云汉[4]章。岂曰流水无情，默默寒江犹自九回肠。

【注】 ①原注：顺宗革新：唐顺宗时，王叔文，柳宗元等进行革新活动。

②宪宗复旧：唐宪宗即位，反对革新，王叔文、柳宗元、刘禹锡等八人遭贬，号称八司马。

③原注：柳州题句：柳宗元在柳州题诗：《登柳州城楼寄漳、汀、封、连四州刺史》。

④原注：《诗经》："倬彼云汉"。云汉，天河也。

昆明鸣凤山金殿联

袖里秋风，阶前暮色，霜钟①惊起半规月；

林中归鸟，天际霞光，铜瓦②尚留万点金。

【注】①原注：霜钟：金殿公园新建一钟楼，高悬明代永乐时铸造之铜钟。

②原注：铜瓦：金殿全部建筑用黄铜铸造，又名铜瓦寺。

昆明西山龙门联

尺方盆景，莫不云匠心巧计，精致玲珑。居室中，书案上，朝朝暮暮，共墨砚笔笺为伍。名士青睐，豪门摆设，清客品玩，骚人题咏，无非随兴所至；

千仞悬崖，真可谓立地顶天，崔嵬磊落。飞鸟外，白云巅，岁岁年年，与星辰日月毗邻。狂飙突起，闪电劈来，奔雷骤落，暴雨滂沱，只是等闲视之。

上海虹口公园鲁迅墓

文章昭海内，血荐轩辕，笔融冰雪，岂独风骚传世代；

风雨到寰中，天擎霹雳，江涌波涛，犹闻呐喊动乾坤。

昆明至公堂

——闻一多先生最后一次演讲处

想当年，先生拍案，巨响一声惊赤县；
寻旧址，老树凌霜，寒梅几朵忆丹心。

武定狮山正续寺联

僧开国，帝出家，祖孙隔代承衣钵，龙寺狮山，彼处此处，难道真有前因后果；

侄削藩，叔靖难，烽火连年为冕旒，建文永乐，失弓得弓，何必追询孰是孰非。

乙巳年春节联

毕生治学，不计流年，嗟读书无用，绛帐萧条，几度弦歌终冷落；

百载树人，又逢新岁，愿[1]教育中兴，儒林奋发，满园桃李正芬芳。

【注】　①愿：作者又拟作“祝”。

武定狮山联

僧为帝，帝作僧，龙袍芒履，何须证果论因。

佛在心，心有佛，皇寺狮山，不必溯源追本。

天目山禅源寺联（二联）

其　一

天目山前云浩渺；

禅源寺外柏萧森。

其　二

天涯举目，名山遁迹烟霞外；

禅学有源，古刹隐身花木中。

讲堂联

法执我执，须凭无执方能去蔽；

相空境空，唯有性空才可明心。

大雄宝殿联

拈花含笑，寄何情，寓何意，遥思①天竺灵山会；
沐手焚香，除我欲，净我心，凝视②佛陀法界身。

【注】 ①遥思：作者又拟作“遥参”。
②凝视：作者又拟作“彻悟”。

方丈院联

寻几座苍峰叙旧；
随数声古磬入禅。

钟楼联

古寺晨钟，惊落满天星斗；
层楼夕照，引来万道霞光。

钟楼联

楼影遥连千顷绿；
钟声捧起一轮红。

禅堂联

内苦外苦，八苦源于六垢；
染心净心，一心本有二门。

讲堂联

因力缘力，事事皆凭自力；
利根钝根，人人均有慧根。

佛学院联

境不离识，窥基细说成唯识；
色本是空，僧肇畅谈不真空[①]。

【注】 ①此联又拟作：识生境，境不离识，窥基细说成唯识；空有色，色本是空，僧肇畅谈不真空。

茶厅联

雀舌龙[①]泉，邀来窗外千秋月；
楚河汉界，且看人间一局棋。

【注】 ①龙：作者又拟作“虎”。

题昆明昙华寺联[①]

兰圃芳亭，彩蝶穿花去；
竹林苔径，诗人步月来。

【注】　①原题注：已镌匾。

昆明机场石文化筹备会联

道子遗风云叆叇；
板桥遗韵石蹭蹬。

南太桥公园联（四联）

其　一

春色满园，林外竹楼浑如画；
长虹吸水，天边孔雀正开屏。

其　二

德宏蛱蝶穿花径；
版纳芭蕉映笼裙。

其　三

沧江春雨，雨淋笑貌欢容，仿佛身临泼水节；
象脚鼓声，声入蕉光柳影，果真步入傣家村。

其　四

小园景物思芒市；
南国风情藏竹楼。

建文帝联

成则王，败为寇，中原逐鹿，同室操戈，君不见，强者从来欺弱者；

心有佛，色即空，苦海无边，回头是岸，孰细参，僧袍毕竟胜龙袍。

西华园联

其　一

携来玉洱一湾月；
剪取银苍几片春。

其二

高□高枝高格调；
古情古谊古园林。

黑龙潭唐梅联

处士已随仙鹤去；
寒梅犹度暗香来。

黑龙潭联

一鉴澄潭，暮暮朝朝，惟云影天光山色，流连不去；
几株古木，风风雨雨，数唐梅宋柏明茶，阅历最深。

长沙天心阁联

郢阙含烟，湘灵无迹，楚泽连云。哀当年，大厦将倾，沧海横流，一代诗人终赴水；

贾生泣涕，子厚投荒，船山息影。愿今夕，时光倒流，前贤毕集，几杯醇酒共开怀。

题会泽金钟山

金钟迎夕照，透迤十里金光远；

文曲下凡尘，会泽千家文士多

昆明安宁曹溪寺联

其　一

此处有元梅宋寺[①]，僧少山空，人闲花落[②]，欲邀王摩诘吟几句；

不妨听石濑珠泉[③]，水流心静，云在意迟[④]，且共杜少陵进一觞。

【注】　①原注：曹溪寺乃宋代建筑，寺内有元梅一株。
②原注：王维诗“人闲桂花落，夜静春山空”。
③原注：寺侧石壁下有珍珠泉。
④原注：杜甫诗“水流心不竞，云在意俱迟”。

其　二[①]

野鸟越螳川，水曲山回心不竞；

幽花生古寺，蜂忙蝶舞意常闲。

【注】　①原题注：八五年已镌匾。

澄江风景联[1]

【注】 ①原题注：共六联。按，手稿中连同另稿共见八联。

澄江县城

山叫梁王，水叫梁王，山环水绕河阳秀；
东邻龙浦，西邻龙浦，东陌[1]西阡[2]禾黍青。

【注】 ①陌：作者又拟作“泽”。
②阡：作者又拟作“溉”。

西龙潭后山蟠龙岗最高亭（另稿）

西邻龙浦，东邻龙浦，西亩东畴稻麦青；
山叫梁王，水叫梁王，山环水绕河阳秀。

西龙潭（二联）

其 一

两湖归一浦；
四季润千畴。

其　二

左湫清澈，右湫混浊，四洞分双濑；
东北滇池，西北明海，两湖汇一潭。

龙王寺

殿阁已非，古寺遭千劫；
出川依旧，湫流入一潭。

西龙潭龙王寺

湫流穿石，两湖汇一潭；
古寺依山，六诏垂千载。

湖心亭

仙鹤飞来，碧玉潭中频顾影；
灵鳅腾起，黄梅雨后欲吞虹。

抚仙湖

观音阁中，听笔架樵歌，金钟声响，菩萨去何方，潜居尔辈心田里；

罗伽湖畔，看梁王云起，玉笋烟生，仙人归是处，遁隐此山石洞中。

己巳年十一月（1989 年 12 月 21 日）修改，己巳十月（1989 年 11 月）应省文史馆邀请赴澄江

题海埂公园两联

其 一

晴光漾处浮天地；

仙鸟[①]飞来问古今。

【注】 ①仙鸟：作者又拟作“辽鹤”。

其 二

沉影西峰暗；

环[①]波滇海明。

戊辰（1988 年）仲夏

【注】 ①环：作者又拟作“涵”。

题瑞士苏黎世中国园林二联[1]

其　一

滇池雪涛，莱茵绿浪，映白帆苍峰碧树，两处风光如画[2]；

中华胜地，瑞士名城，愿商旅学人游客，双方络绎于途[3]。

【注】　①原题注：苏黎世与昆明结为姐妹城。
②风光如画：作者又拟作“风景略同”。
③络绎于途：作者又拟作“往来不绝”。

其　二

瑞士名城，移入中华胜迹；
莱茵雪浪，遥连滇洱晴波。

己巳年九月（1989 年 10 月末）
于昆明（市）园林局

中国昆明与瑞士苏黎世结为姐妹城市（二联）

其 一

滇洱雪涛，莱茵绿浪，映白帆飞鸟苍峰，风光如画；
中华胜地，瑞士名城，喜商旅诗人游客，络绎于途。

其 二

瑞士风光，云南景色，处处高山秀水，何妨携手长吟，歌咏友邦胜迹；

春城好客，苏市迎宾，年年我往你来，定要交觥畅饮，品尝异国陈醪。

春联六则

其一（海峡两岸）

华夏历千秋，佳节普天[1]鸣爆竹；
炎黄传四海，亲人隔海盼团圆。

【注】 ①普天：作者又拟作“于今”。

其二（教育界）

不计流年，白头吟老骥；
又迎新岁，绛帐出英才。

其三（农村）

冬随余年尽；
花逐早春开。

其　四

千里成行，始于足下；
一年之计，虑[1]在春前。

【注】 ①虑：作者又拟作“思”。

其五（婚嫁喜庆联）

今夕和鸣栖[1]紫燕；
他年谐老庆[2]金婚。

【注】 ①栖：作者又拟作“来”。
②庆：作者又拟作“祝”。

其六（寿联）

寿比南山，应[1]留业迹传千古；

福如东海，须[2]引春风入万家。

1989 年 12 月 28 日

【注】 ①应：作者又拟作“还”。
②须：作者又拟作“更”。

六十自寿联

虽求寿比南山，更愿攀登[1]高比南山；

无意福如东海，唯留寄托[2]深如东海。

己巳腊月二十九日（1990 年 2 月）

【注】 ①攀登：作者又拟作“求知”。
②托：作者又拟作“慨”。

送友人金婚联

永铭海誓山盟日；

谐老金婚白发时。

庚午元月（1990 年 2 月）

九乡楹联（四联）

其　一

石室奇观喷雪濑；
天公作美授神田。

其　二

进洞婉如历仙界；
缘溪是处有桃源。

其　三

太虚幻境；
世外桃源。

其　四

亲临太虚境；
愿作武陵人。

庚午（1990 年 4 月）

李清先生挽联

君子固穷，唯有三千弟子；
长歌当哭，依然一介书生。

庚午七月（1990 年 8 月）

恭贺王刚老师八十大寿

八十高龄，常思[1]天下事；
一身正气，教育[2]后来人。

庚午冬月（1990 年 12 月 2 日）

【注】　①常：作者又拟作“犹询”。
②教育：作者又拟作“传给”。

豫滇书画联展（代友人书四联）

其　一

银苍叶笛；
金谷牡丹[1]。

【注】　①此联作者又拟作为“金谷牡丹艳；银苍墨迹新。”“碧鸡春色早；金谷牡丹开。”

其　二

彩[1]笺描孔雀；

洛水观牡丹。

【注】　①彩：作者又拟作“素”。

其　三

黄河情韵[1]；

洱海[2]涛声。

【注】　①情韵：作者又拟作“雪浪”。
②洱海：作者又拟作“玉洱”。

其　四

身居南国神思远；

笔会中州才子[1]多。

【注】　①才子：作者又拟作“名士”。

庚午元月代友人拟挽联[1]

南疆身后留清正；

北海当年出死生。

1990 年 3 月

【注】 ①原题注：王文玉同志挽联。

荟萃园联（口占）

海源寺侧，神仙洞外，绿野苍峰碧水交辉映；

玉案山前，荟萃园中，书家诗侣画师共切磋。

丙子（1996 年末）迎九七元旦诗书画茶话会

过汨罗江联

灵均去矣，从此后，荆楚沉沦，汨罗呜咽，杜若凋零。世上每逢端午，多少乡民祭祀，长天不语，四周青蒲遮螺屿；

过客来兮，看不完，潇湘浩荡，衡岳莽苍，洞庭辽阔。此生已近衰年，万般思绪牵萦。野渡无人，独待扁舟访水神。

癸酉仲夏（1993 年 8 月）

迎香港回归联

一国行两制，扬四海民心，垂全球范本，得八方口碑。已过三春，欢笑盈耳连三夏，十二亿炎黄后裔迎盛典；

五星照九龙，雪百年奇耻，开整页新篇，载千秋史册。将临七月，烟火满天呈七彩，六百万香港同胞庆回归。

庆祝近日楼新址落成联（三联）

其　一

昔吾往矣，万钟余响，三市沉吟，看不完车水马龙。梦里古城零落①，犹记得②，题句状元③留墨迹；

今我来兮，双塔尚存，两坊重构，唯期望④地灵人杰。眼前高屋飞檐⑤，独徘徊，还乡辽鹤恋新楼。

【注】　①古城零落：作者又拟作“断垣残阙”。
②犹记得：作者又拟作“犹铭记”。
③状元：作者又拟作“屏山”。
④唯期望：作者又拟作“言难尽”。
⑤高屋飞檐：作者又拟作“建翎昂扬”。

其　二

未上层楼，游客焉知双塔矮；

重温故事，老人细说劫灰多。

其　三

身将齐叆叇；

手可摘星辰。

辛巳（2001 年）

戏台联（六联）

其　一

诸公粉墨登台，孰正孰邪，谁浊谁清，五千载盛衰兴替，是非功过，皆成故事。继往开来，唯有立身处世，成仁取义，岂可忘怀耳；

我辈诗文为业，或扬或抑，忽歌忽泣，几十年笑骂悲欢，祸福穷通，尽寓词章。抚今追昔，暗思言志缘情，见性明心，焉能不胜哉！

壬午（2002 年 1 月 16 日）

其　二

清音增雅兴，哭歌笑骂，吹拉弹奏，声声入耳；
古剧启幽思，顺逆穷通，祸福吉凶，事事关心。

壬午（2002 年 1 月 17 日）

其　三

观古人，几番成败，无数是非，发后人深省；
想前辈，千钟风流，万般情韵，由我辈点评。

其　四

古调[①]自珍，名角当年扬国粹；
后生[②]可畏，梨园指日振雄风。

【注】　①调：作者又拟作“须”。
②生：作者又拟作“真”。

其　五

雅乐悠扬，名角声容惊海外；
艺人荟萃，梨园足迹遍人间。

其 六

先贤已往，古调须加珍惜；
后辈方兴，梨园再射光华。

真庆观山门联（二联）

其 一

休息片时，应抛却名缰利锁；
逍遥半日，且唤[1]回本性真情。

【注】 ①唤：作者又拟作“换”。

其 二

嚣声渐远，暂别繁华离闹市；
爽气徐来，惟求清净过山门。

壬午（2002 年）仲秋

真庆观老君殿联

莫问穷通离俗境；
但凭虚静入心斋。

壬午（2002 年）仲秋

盐隆祠联

苦辣酸甜，众味尤应重咸味；
工农兵学，百行岂可缺商行。

盐隆祠戏台联（二联）

其　一

玉润珠圆，声腔添雅兴；
扬善除奸[1]，情节启深思。

【注】　①奸：作者又拟作“恶”。

其　二

先贤离世，古音雅乐应加珍惜；
新进有人，滇剧花灯再放光华。

官渡古镇魁星阁联

登龙欲揽青□去；
倚栏漫迎紫气来。

癸未（2003 年）初春

金殿钟楼联

登临仰笑凌云梦；
远眺漫迎入袖风。

廉政颂

颂养廉，赞美廉；不谋利，不贪钱；以国为本，以民为先。须自勉，期共勉。从政掌权，是清是浊，该褒该贬，百姓能分辨。读青史，忆前贤，清风盈两袖，道义担双肩，流芳越千年。莫等闲，休迁延，廉政建设，任重道远，任重道远！

2005 年 7 月 14 日

文

青云街

我第一次走过青云街，那还是抗日战争时期。条石砌成的路面，年湮代久，人踩马踏，棱角早已消磨殆尽。阵雨过后，水溶溶、亮光光的路面，稍不小心就会滑倒。狭窄的街道两旁，大多是二层楼古旧的木构建筑，风吹雨打，红色的涂料已经暗淡了。二楼是民宅，一楼多数是铺面。有的铺面暗红色的门框和门槛相当陈旧；有的镶上玻璃窗，装潢较为时髦。青云街既非闹市区，远不如那个时代的三市街、南屏街、正义路、文庙街那样熙攘和繁华；也不是住宅区，找不到如当年复兴新村、篆塘新村的宁静和幽雅。

青云街的东头是巍峨的五华山，老远就能看见高踞其上的省府衙门。青云街的西头是云南大学的东大门，门内层峦叠翠，站在街心即可仰望耸立于山巅的会泽楼。五华山远在天边，会泽楼近在咫尺，所以青云街的街道文化和云南大学的校园文化相互衔接，甚为亲昵。“青云街”的命名始于何时，已难考证，至少我不甚了了。“青云”一词则古已有之，前后叠加了三层意思。一是喻人格之高洁，因有德而负盛名。二是喻置身于高位，以“青云直上”（《史记》）喻居高位者，直至达官显宦。三是喻隐逸之志趣，所谓“形人紫闼，而意在青云”（《南史》）。可见青云街的街名有着深广的文化内涵。

云南大学原有东西两个校门，现在朝南的大门当时是一堵大照壁。西大门面对坡度较陡的文林街和东西向的玉龙堆（今翠湖北路），这道门不知何年何月堵上了。东大门直通青云街，是青云街的起点或终点。东西两校门均为排楼式的建筑，木柱、木梁、上覆琉璃瓦，造型颇为壮观。云大的前身是东陆大学，后者的旧址是明清两代的“贡院”。贡院与科举取士有关，是考举人的圣地。民国后命名为“至公堂”的这座殿堂式建筑，正是明清两朝秀才或监生考举人的考场。十年寒窗的成效如何，必须经历贡院的检验，学子的命运和前途就在这类考场中裁定。贡院应式是考中还是落榜，事关重大。青云街直通贡院的东大门，从乡试中举人，再赴京都考进士，“学而优则仕”，进士及第才能当官，当大官。贡院是青云直上的中继站。基于此，就能领悟《儒林外史》中的周进和范进，两位五六十岁的老童生皓首穷经，还热衷于捐监生，考举人。后来周进中了进士，钦点学道，范进也中了举人。贡院同人生和仕途的“平步青云”关系如此密切，也许青云街正由此而得名。贡院随清王朝一起覆灭了，用旧址创建了东陆大学，之后又改名云南大学。“青云”作为街名却沿袭不变，仍旧面向省级最高学府。

后来，贡院变成了校园，民国代替了王朝。多少年来，青云街一直是“校园文化”和“市民文化”的交汇点。抗战胜利前后，青云街的茶铺、米线馆、纸烟店……为数不少，越靠近云大，店铺越密集，西头的店铺多以大学生为顾客，东头店铺的主要消费者是市民阶层。云大东门外的几家茶铺经常高朋满座，座上客几乎是青一色的男女大学生。为了顺应读书人的需求，茶铺的内装修往往是中西合璧，环堵是白粉墙，窗明几净，较为雅致。街东头到大兴坡脚一带，也有几家茶铺，从外到里，另是一番风光，简易的长木桌和长条凳，座上客是以市民为主的各色人等。茶铺内喧哗嘈杂，有的嗑瓜子、嗑麻子，有的拿着烟锅吸旱烟，端着大竹筒抽水烟，谈吐的内涵，不外乎物价、行情和时局，或者是奇闻轶事，外加花边新闻。有时，锣鼓喧天，请几位滇剧票友，便装清唱。

1949 年 7 月，我从"边纵"三支队请假返昆，报考云大文史系，八、九两月，报名，考试，看榜，注册，入学，我每天穿过青云街的西段都要在茶铺中小坐片刻。教室、寝室、图书馆，再加上茶馆，是四十年代大学生的寻常去处。寝室拥挤不堪，连书桌也放不下。茶铺较为宽敞，茶桌可充书桌，阅读、书写都很方便。教室和图书馆里不能说话，更不宜切磋讨论，茶铺是个可供研讨的好地方。于是青云街西头的几家茶铺，变成了大学生的的第二课堂。当时多数大学生的家庭并不富裕，穷书生比比皆是。1949 年前，助学金少得可怜。1950 年后，每月助学金若以"新币"折算（1 万元人民币旧币折合一元新币）相当于人民币 12 元，9 元伙食费，3 元零用钱。其他"高级"场所，大学生一般都不敢问津，不愿去，也去不起。几分钱一杯清茶，一坐就是半天，价廉而物美。大公烟、"鸿大运"可以一支支零卖，买一支，三四人合吸，你一口，他一口，也无人耻笑。品茗和吸烟，还能赊账。茶舍符合大学生的低消费水平。从 1949 年到 1953 年，整整四个年头，除了偶尔涉足街东头的茶铺，听听滇戏清唱外，街西头几家茶舍我几乎是每日必到的常客。

大学生对“舶来品”颇感兴趣。桥牌是舶来品，是一种高雅的智力游戏，桥牌之戏是当时大学生酷爱的娱乐活动之一。茶舍里的小方桌很适合四个人围坐打桥牌，两开间的铺面，往往在同一时间摆开了好几个桥牌的战场。现代打桥牌用汉语叫牌，那时习惯用英语叫牌。下午或傍晚，假如你在云大东门外闲逛，老远即可听见“one spade”、“two diamond”的声浪，可算是四十年代末和五十年代初青云街的一大特色。街西头忽高忽低的洋叫牌声，同街东头震耳欲聋的滇剧锣鼓声，一洋一土，遥相呼应，形成了很有趣的文化反差。

青云街西头的茶舍，是校园的扩展和课堂的延伸。校园中和课堂里看到有趣的事，听到新颖的理论和知识，往往在茶舍里交流或讨论。刘文典先生讲解温（庭筠）、李（商隐）诗时，用浓重的徽南口音，畅论诗词同“观世音菩萨”的关系。“观世”，观人观世也，写诗，首先要观人观世，了解人生和世界的意义。“音”，声韵音律也，诗作，应当强调音韵声律的抑扬顿挫，讲求语言的节奏美感。“菩萨”，觉有情也，诗人必须有激情，情感应丰富，从一事一物中，均能感受到其中有情致。总之，诗词离不开人世、声律和感情。课后我与几个同学就在茶舍里一边品茗，一边评论“观世音菩萨”。叔雅（刘文典字叔雅）先生讲课，有一“绝技”，坐在课桌后的藤圈椅上，右手持粉笔，面对学生，在身后的黑板上书写温李诗，这一“绝技”，也是我们在茶舍中啧啧先赞叹的资料。刘尧民先生简朴的书斋里，他将自己的著作《词与音乐》送给我，并让我看他年轻时手书的诗稿。据说“五四”前后，尧民先生是“会泽四才子”之一，他的诗风受法国象征主义的影响。一入茶舍，我和同学立即谈起尧民先生的诗作和才情，兴之所至，还引出象征派诗人波德莱尔和梅特林克。我拜访过张若铭先生，谈起青年时代她在法国勤工俭学的情况，谈话间，她很推崇法国名作家纪德。由于她的推荐，我读了纪德的小说《牧歌交响乐》(又译为《田园交响乐》)，感受极深，至今不忘。此后，在青云街的茶桌旁，纪德及其名作又成了我们偏爱的话题。大学生以茶舍为论坛，谈古论今。

天祥中学四八届的一伙老同学，后来分别考入云大的文学院、法学院、理学院、工学院、医学院和农学院。平时相遇的机会少了，校门口的茶舍是绝好的聚合地点。一见面，文法理工医农，无所不谈，各个学科领域的知识和见闻杂然并陈，互融互补。五华学院（1951 年并入云南大学）和中法大学与青云街的西头相距不远，茶舍里各校的学生们错落入座，相互交谈。抗战后期和五十年代初期，青云街的茶舍成了当时文化信息的集散地。

坐在当街的茶座里，经常能见到老师们的身影。刘叔雅先生满头白发，缓缓地从青云街走过。刘尧民先生身材瘦削，略为修长，黑白相间的长髯飘拂胸前，头和手不断颤抖，有时穿长袍，有时着中装，也是缓缓从青云街走过。方国瑜、姜亮夫、汤鹤逸、叶德钧、江逢僧、江应樑等先生已过中年，都是青云街的“熟客”和“过客”。李埏先生 30 多岁，正当英年，举止谈吐另是一种风度。身着潇洒的长衫，一手插在西裤的口袋里，步履轻快，匆匆从青云街走过。我入学时，吴近仁先生刚毕业，才 20 多岁，西服西裤，正是意气风发的年华。有一次走过茶舍门口，我们邀约他喝茶，谈论他潜心研究的诗词声韵。近仁是叔雅先生的高足，刚刚任助教，开始领工资了。几个同学因身无分文正在发愁，老吴替大家付茶钱，为我们解了围。抗战时期至五十年代初的青云街，真是学者云集，英才荟萃。

明末东林党和复社的读书人草拟了一幅传颂至今的对联："风声、雨声、读书声，声声入耳；家事、国事、天下事，事事关心。"岂止明末，历代的读书人都十分关心，也不能不关心"国事"和"天下事"。1949 年 12 月以前，有些茶铺贴上"休谈国事"的条幅，"茶馆小调"也应运而生，但怎能禁止得了大学生和知识阶层谈论"国事"和"天下事"。12 月以后，青云街茶舍里的条幅不见了，"茶馆小调"也过时了，但畅谈"国事"和"天下事"却另有一种无形的禁忌。

"一二·一"的篝火我看见了，它"映"入青云街西头，成了茶舍里议论的中心。李公朴先生遇刺后，闻一多先生在云大至公堂作"最后一次讲演"，我去听了。"李闻事件"给青云街西头的茶客带来一股愤怒激昂的情绪。1948 年 8 月，我是即将毕业的高中生，随同一批大学生搬进会泽楼，行李铺在楼板上，大家席地而睡。最初气氛并不紧张，可以自由出入，白天三三两两走出东大门，逛逛街，或者步入校门外的茶铺，喝杯清茶，小声地谈论时局。9 月 8 日下午，我因事外出，晚 9 时许，几位同学送我回云大。青云街西段的气氛变了，茶馆和店铺全都提前关门，街上静悄悄不见一个人影。昏黄的路灯下，云大东大门内外全是军警和便衣，任何人均不准进也不准出，我只好离开青云街。第二天凌晨，枪声大作，众多军警围攻会泽院。"9·9"整肃事件之后，学生有的回家，有的下乡，有的进了"夏令营"。青云街西段的茶客稀少了，谈笑声和叫牌声暂时归于寂静。

随着"边纵"和解放大军相继入城，青云街茶舍里的气氛为之一变。"民青"从地下转为公开，有时候就在茶舍里将两张小方桌拼在一起，堂而皇之开小组会。打桥牌之风未泯，不过也有微妙的变化。几天前，一声“low speed”，接着唱两句《魂断蓝桥》的主题歌——“友谊万岁”。眼下，“just make”之后，随之而起的歌声是“北风那个吹，雪花那个飘”。青云街茶舍里的政治话题也不同了，一两年前是大江南北的战况，现在是昆明旧城市的改造运动，大学师生的思想改造运动。

“交谊舞”来自西方，1949年前，青云街西头茶舍赶浪潮，留声机大放华尔兹和狐步舞的唱片（那时收音机还不流行）。1950年至1951年，昆明各大学忽然猛刮交谊舞之风，首长们常来云大和大学生翩翩起舞。我不会跳舞，也不爱跳舞，势必要被打入扫“舞盲”的另册。时隔不久，跳友谊舞被判决为资产阶级娱乐之列。上茶馆也未能幸免，同小资产阶级的生活方式挂上了钩。从云大校内到青云街西头，叫牌声和舞乐声绝响了。由于读书人却步，青云街西头的茶舍生意清淡，自生自灭。

1953年我毕业前，面对青云街的东门已经封闭，新开辟了朝向翠湖北路的南大门。盛夏季节，统一分配出省和赴北京的毕业生，登上了“出征”的大卡车。卡车缓缓驶离南大门，门里门外站满了夹道欢送的低年级同学。卡车路经青云街，我探寻着街边熟悉的茶舍，呆望着向后移动的石砌路面……第一次单独出远门的青年学子，坐在车厢里的铺盖卷上，既有强烈的兴奋，也有深切的怀念，还有莫名的彷徨。

二十七年后，我从遥远的沈阳回到故乡，回到母校，重新漫步于久别的青云街。远处圆通山上的洋草果树，还是那样蓊蓊郁郁；近处翠湖一潭碧水，依然微波漪涟。“辽鹤归来兮，山水依旧，人事已非。”我们这一代和上代的知识分子，历经了无数次的战争：军阀混战，北伐战争，抗日战争，大军过江入滇。又历尽了无数次的政治运动：思想改造，反右斗争，“拔白旗”，“反右倾”，“四清”，“文化大革命”……老一代凋零了，1958 年刘文典故去，张若铭轻生。“文革”中汤鹤逸、叶德均、江逢僧相继谢世，刘尧民挨批斗后因心血管病突发而死，李广田投身于莲花池……校园内和青云街头再也看不见他们的身影了。中学和大学的同班同学，由于“阶级斗争为纲”和历次政治运动，英年早逝者有之，壮年弃世者也有之，尝尽人生坎坷者更是不乏其人。进入九十年代，连我辈也垂垂老矣。青云街的石头路面和西头的茶舍，已不知去向。

抄录一首近作权充结尾吧：

“偶步青云返照浸①，时光逸去漫搜寻。
愚如子厚终无悔②，穷到孟郊不废吟。
春恋海棠妍似锦，秋逢晚菊亮如金。
衰年一任群芳茂③，留得禅家无念心”。

【注】：①《贡院》一诗中此句作“古院高墙返照侵”。
②原注：柳宗元字子厚，曾自比“愚人”，撰《愚溪诗序》和《愚溪诗》。
③《贡院》一诗中此句作“衰年一任芳菲歇”。

多维视野中的批评语境和作品语境

——《多棱镜下的文学》代序

一

研究文学理论，进行文学批评，大体上有四个基本的审视方位：(1) 作品，专指文学作品或文学文本，包括口传的或书面的文本在内。(2) 客体，同作品相关的并独立在作品之外的客体世界，作为主体的作者或读者面临的客体世界，生活、时代、文化、历史以及原形等等都是客体的组成部分。(3) 作者，即作家或诗人，叙述者或抒情者都可以包含在作者这个范畴之中。(4) 读者，又叫做文学文本的接受者或阐释者。2、3、4 这三个基本方位可以构成一个正三角形。客体位于三角形的顶角，即三角形的 A 角；作者位于正三角形左边的一个底角，即 B 角；读者构成了正三角形的另一个底角，即 C 角。作品，既同客体有关，又是作者或读者的中介，可用正三角形的垂心或重心的 O 点来表示（可参看发表于《昆明社科》1996 年第 2 期上的拙文《回顾与瞻望——一份元文学理论的论领》第 68 页，或参看论文集的第一篇文章《“话语”与文学批评》所引的第四个图）。

O 点与 A、B、C 角是建构文论和批评模式的四个基本方位。除此之外，也不能忽视 AO 之间、BO 之间、CO 之间、AB 之间、AC 之间和 BC 之间这六条连线，这六条连线中的任何一条线都是建构文论模式和批评模式的重要方位。比方说，AO 之间所表示的文本与自然、社会、文化、历史、原形之间的关系曾经是模仿说、再现说、反映论、现实主义和原型批评、历史主义等等文论模式和批评模式的立足点。又如，BO 之间所表示的作者与作品的关系、叙述者与叙述文本之间的关系、抒情者和抒情文本之间的关系也充当了言志说、缘情说、性灵说、妙悟说、寄托说、境界说、表现主义、存在主义、叙事学文论模式和批评模式的立足点。再如，CO 之间所表示的文本与阐释者的关系是阐释学的文论和阐释学的批评所选择的立足点。对 AB 之间，AC 之间和 BC 之间的三条连线也不可掉以轻心。中国古代诗论和文论中的情景中就是以 O 点为中心，结合 AB 之间的连线作为立论的基石。西方当代符号学文论和符号学批评则是以 O 点，即文本作为中介，结合 BO 之间、CO 之间，尤其是 BC 之间的连线，即符号的发施者和接受者的关系作为立论的基石。AC 之间的连线，中西历代的文论模式和批评模式均少涉足。不过阐释学的文论和批评却是蕴含着伽达默尔所说的阐释者及其先见（C 角）同他们的历史语境（A 角）的关系。

二

文论家和文学批评家提出的理论命题，揭示的创作规则，制定的批评标准，必得透过他们的话语讲出来。这些命题、规则和标准均蕴含于话语的意义之中。因此，任何文论模式和批评模式都得转换成相应的话语模式。每一种文论模式或批评模式都有自己的一套文论话语或批评话语。文论模式和批评模式历来都是多元的，文论的话语和批评的话语当然也是多元化的。“海阔凭鱼跃，天空任鸟飞”。从上文提到的在单一的正三角图形里，用一个点、三个角和六条线表示的任何一方位出发，再加上这些方位之间适当的连横合纵，就可能设计出为数众多的文论和批评的话语模式。总观东西方的文论史或批评史，扫描林林总总的文论话语和批评话语，恰似走入山阴之道，令人目不暇接。中外文论史上和中外批评史上都出现过“一枝独秀”的情况。某些专制的当政者力图罢黜百家，独尊一家，只允许自己钟爱的一套格式、一种腔调的文论话语和批评话语流布天下，一家之外均在取缔之列。然而，文论话语和批评话语的多元取向并不会因此而销声匿迹。或迟或早，这种取向总要生方设法地去冲决文论界和批评界大一统的网罗，重建各种文论话语和批评话语百家争鸣的局面。

说话和写作是在一定的语言环境即语境中进行的。语境制约着话语的意义。语境变了，置身于语境中的话语的意义将随之出现相应的变化。话语本身也是一种语境，或者说，在一定的条件下，一条话语可转换成一种语境。一套话语模式，言说者不断重复着讲，变换着讲。听者或读者则耳濡目染，习以为常，而且照着讲，接着讲，或者与之进行对答。这套话语模式对讲说者尤其是对听者、读者而言，就逐渐变成既定的语境。日常生活里的种种话语模式，可以构成种种语境。宗教的、道德的、政治的、哲学的……话语，均可摇身一变，变成宗教语境、道德语境、政治语境、哲学语境以及诸如此类的其他语境。文论和批评的话语也不例外，仅就文论话语和批评话语同受众的关系而论，每一种文论话语和批评话语都会有其接受者和响应者，每一种文论话语和批评话语都有可能成为有一批追随者的文论语境和批评语境。

语境可以由语言和话语构成，也可以由非语言、非话语的其他环境构成。后者主要包括：构成语境的非语言、非话语的种种符号集群和文化现象，再加上未经符号化的种种自然事物。前者可称之为语言语境，后者可称之为非语言语境。语境又可分为内在语境和外在语境。前者是由语言内部的组合关系合成的语境，包括音位之间、语词之间、句子之间以及语篇之间的组合关系形成的种种语境。后者是语言组合关系外的各种语境，诸如文化语境、时代语境、历史语境以及自然环境等等，都归属于外在语境。语言语境既涵盖内在语境，也涵盖部分的外在语境，如文化语境中的民族语言环境，历史语境中的各种口述的和文字记载的历史资料，还有时代语境中用语言表述的与特定时代相关的各种文本。语境还可以划分为表层语境和深层语境，前者含盖话语中或文本涉及的众多词汇的词典（或字典）语境，内在语境，即组合语境。后者指话语或文本中含有的作者写作意图和价值取向构成的语境。前文提到的文化的、历史的、时代的等等语境只要进入了作者的写作意图、价值取向，或者与作者的写作意图、价值取向有一点的关联，均可视为话语和文本的深层语境。

话语是用来表达意义的。凡话语皆含有两个缺一不可的层面：能指层面与所指层面，抑或形式层面和意义层面。话语中的字、词、句等形式方面，构成话语的能指层面。通过能指层面去指涉的具体事物或抽象概念构成了话语的所指意义，话语的所指层面亦可包容既非事物也非概念的其他意义。包括文论话语与批评话语在内的任何一套话语或一种文本，都是由一个个词按规范化的组合规则连缀而成的。我们均有这样的经验，即使确认了话语或文本中每一个词的词典意义以及同时还解析了它们之间句法章法之类的组合关系（内在语境），并不等于已经充分掌握了话语或文本的总体意义，它们的深层意义和潜在意义。话语或文本的意义是在各类语境中化合而成的和不断衍生的。话语或文本的意义绝不是词义的简单堆砌。词义通过内在的组合语境只能合成文本的表层意义或字面意义。在解析一套话语或一种文本的词义和组合关系的基础上，必须结合话语或文本的外在的语境，包括外在的语言性的和非语言的时代语境、文化语境、历史语境和其他语境在内，才有可能对这套话语或文本的深层意义作出比较透辟的理解与阐释。

我们说过，一套话语或一种文本假若一再讲说并有了一定的影响，它们就可能构成相应的话语语境或文本语境。语境，特别是语言化的语境均有一定的意义内涵。如果一类文本转化为一种独特的文本语境，一套文论文本或批评文本转化成一种文论语境或批评语境，那么此等语境的意义也在那些同文本相关连的语境中合成与衍生的。只有深入开掘这些语境才能解读各类文本语境的内在意义及其底蕴。

三

人世间有各式各样的文本或理论文本，形成多姿多态的文本语境或理论语境。不妨把问题聚集在理论性的文论语境和批评语境上。古今中外的文论语境或批评语境像其他语言性、文本性和理论性语境一样均可用二项式规则大致区分为三组两两相对的类型。（1）强力语境和权威语境；（2）公开语境和隐蔽语境（也可叫做精英语境和私人语境）；（3）高雅语境和世俗语境（也可叫做精英语境和大众语境）。“强力语境”是福柯提出来的，又译成“权力话语”或“暴力话语”。在一定的条件下，一套强力文本或话语常常会变成一种强力性的话语或文本语境。顾名思义，他是一种同权力、强力或暴力相结合的话语或文本的语境，一种凭当政者手中的大权强行设置和推广的语境，也是一种用强力去灌输，不能自由选择，只能无条件接受的语境。文论界和批评界一旦出现强力语境就意味着一种文论模式和一套批评原则，作为一家之言独霸天下，人们不能随心选择，只有俯首听命。我认为，与强力语境相对立的是话语和文本的权威语境。后者与强力无关，可供自由选择，不能用强制手段强加于人。权威性的文论语境和批评语境面世的前提条件是：论坛和文坛上文论话语和批评话语琳琅满目，每一个研究者和评论者均能按他们的志趣、意愿和理想作出选择。某些文论和批评的话语，听众多了、影响者、追随者多了就自然而然变成了文论和批评的语境，甚至成为颇具权威的语境。强力性的文论批评语境是绝对一元化的，一家独鸣，万马齐喑。权威性的文论和批评语境则不然，它是多元的，可以各行其是地百家争鸣。

任何时代的文本语境，诸如文论和批评的语境，既有公开的一面，也有隐蔽的一面。既在公共场合，当众言说的一面，也有在私下，在知心者的小范围内，窃窃私语的一面。强力话语大多是在公开化的语境中讲述的，往往是作为教义、宣言、范本、布告公开发表的，一句话，是说给大家听的。而在私下、在小圈子中，人们进入了隐蔽的语境。这时候，可以说知心话，可以撇开强力话语讲述另一套话语，甚至于和公开语境中的话语大相径庭，势同水火。欧洲中世纪教皇、主教、教会在公共语境中讲述的总是一套以巨大的强力做后盾，寸步不离教义和教条的文本。而在教会的监视达不到的地方，我们可以听到，甚至看到光怪陆离的爱情故事以及骑士文学的口传文本。

社会生活和文化生活中有精英话语，即士的层面或高层知识分子的话语，也有世俗的层面或大众层面的话语。久而久之，前者构成高雅语境，后者构成了世俗语境。高雅与精英语境既可以完全依附于强力语境，说一些强力语境允许说的话语，也可能讲述强力话语和异端话语从来都是并行不悖的，不过，强力话语大多是在公开场合讲述。作为异己力量的权威话语除了不惜代价有意公开反对强力话语之外，往往只能在隐蔽的场合暗中传播和交流。不要以为，大众语境或世俗语境总是背离强力语境的，其实不然，世俗语境和大众语境跟着强力语境走的情况，将强力语境世俗化的情况，在历史上、在文论史上和批评史上都是屡见不鲜的。当然，也不应当对下述情况视而不见，大众话语和世俗语境又非强力语境，为自由选择的权威语境开了方便之门。中国汉代，不仅出现了置身精英语境的董仲舒的力作《春秋繁露》——一部独尊儒术的理论文本，也出现了远离强力语境，在民间的大众语境中广泛流行的《古诗十九首》，明清以降，在世俗语境中形成了章回小说，这些小说文本有不少艳情描写，甚至有露骨的性生活的画面，与当时官方在强力语境中宣讲的儒家道德相去甚远。然而，也应看到，这些在世俗语境和大众语境中生成的章回小说，也不时宣扬恪守强力语境准则的“忠孝节义”、“三从四德”。

文论界和批评界“多音齐放”（巴赫金语）取代“单音独鸣”（巴赫金语）的大潮，已经势不可挡。放眼世界，当今发达国家往昔曾经有过的强力语境主宰文论界和批评界的局面，毕竟一去不复返，早已成为历史上的陈迹了。回看国内，文论界和批评界多元化的权威语境正在形成，新兴的文论、批评的话语与语境恰似雨后春笋，纷纷破土而出。论文集的作者李炎君直面众多权威性的文论和批评的语境，透过广角的“多棱镜”，精心选择并不断更换他饶有兴趣的文论和批评的审视方位，以及相应的文论语境和批评语境。他又透过“多棱镜”，用同等的精心去筛选在西方和中国文学史上曾经各领风骚的神话、诗歌、尤其是小说之类的文学文本，并在型号有别的文论、批评的权威语境中，对此等文学文本作出特色各异的解读。

四

在文论和批评的“多棱镜”下，审视各式各样的文学文本，又牵引出另一组理论问题，即文论和批评文本的话语和语境，同文学文本的话语与语境相互遭遇的理论问题。文论和批评文本有自己的一套话语、语境和意义，文学文本具有另一套话语、语境和意义。这两套话语语境和意义泾渭分明，迥然不同。文论和批评的理论文本有可能转化为相应的理论语境；诗歌、小说、散文等文学文本照样可能转化成为相应的文学语境。语言语境有许许多多的分支，每个分支都是一种独特的语言语境的类型。文论和批评文本构成的语境，即文论语境和批评语境，文学文本构成的语境，即文学语境，它们都是语言语境这个大类中两种不同的分支类型。文学文本和文学语境，有自己的句式、布局和章法等内在的组合语境，还有凭由诗人、作家的创作意图、价值理想构成的深层语境，也有外在于组合关系的各种语言和非语言的语境。唯有弄明白同某种文学文本或文学语境关联的种种内部的或外部的、表层的或深层的语境及其底蕴，才可能恰当而圆满地解读该文本或该语境的整体意义。每一种文学文本或文学语境在一定条件下，均有可能步入或跻身强力语境和权威语境，公开语境和隐蔽语境，精英语境和大众语境。

文学评论这进入并接受某种文论与批评的理论语境，就会依循这种语境模式，应用于该语境相适应的话语，去解读与评价文学文本，撰写相应的评论文本。一旦进入评论过程，评论者总是“背靠”某种文论与批评的语境（理论语境）。它“面临”的却是特定的文学文本，这种文学文本很可能已经营造出有众多读者和广泛影响的文学语境（作品语境）。“背靠”的理论语境和“面临”的作品语境往往各自为政。二者均可引申出一套独特的内在组合语境，独特的立论目的语境和创作意图语境，还可以引申出各自时代的语境、文化语境、历史语境。两种或两套在组合上，目的意图上，在时代、文化、历史上差别不小乃至截然不同的语境，突然相遇必定要出现某种张力，二者之间不可避免地相互撞击，相互排挤。如何消解理论语境与作品语境之间的张力？这是评论界碰到的一道难题。评论者的任务之一是，竭力化合消除理论语境与作品语境之间的“张力”，找到并强化二者的“合力”，使“分流”转化为“汇流”。

文论和批评的理论文本在相关的语境中，一般都用论说性和评论性的话语，传达论说型和评论型的意义。诗歌、散文、小说等作品文本，在相关的语境中一般都采用叙事性或抒情性的话语，传达叙事型或抒情型的意义。前者可统称为阐释性的话语和阐释型的意义；后者可统称为表现性的话语和表现型的意义。诗人、作家通过文学话语去表现自我的感情、观念、愿望，自我的气质、性格、经历、才能和品行，进而表现自我的潜意识，民族文化的集体无意识，直到自我的本性与生命。在表现自我的同时，诗人、作家再现了他生存于其中的环境、时代与传统。凡斯种种，合成了文学文本和作品语境中的“表现”意义。

评论者不论“背靠”什么样的文论与批评的理论语境，也不论“面临”什么样的作品语境，无例外地都得采用阐释性的话语及其意义去解读与评价特定文学文本中表现性的话语及其意义。阐释意义和表现意义蓦然邂逅，同样会出现巨大的裂隙，二者也将相互冲突，相互拒斥。如何泯灭阐释意义和表现意义之间的裂隙？这是评论者遇到的另一道难题。评论者的任务之二是，设法沟通阐释意义和表现意义，尽可能准确并细致入微地把文学话语中的表现意义转化成评论话语中的阐释意义。这就要求评论者对文学文本的表现意义进行一场“灵魂的冒险”（王尔德语），寻觅并贴近隐匿在表现意义中的诗人和作家的自我。

五

评论者的评论话语与评论文本，诗人和作家的文学话语和文学文本，两个系列均可划分出各自的能指层面和所指层面。二者的所指层面或所指意义的分歧已如上述，现在转过来集中审视二者能指层面的显著差异。语言、言语、评论文本或文学文本的能指层面，有一些共同点，它们都是由语言、语汇、句子组成的。评论文本和文学文本其能指层面的分野在于，评论文本，尤其是当代的文本，其能指文本层面大多不讲求语言的铿锵动听，不过语词与句子能够引出联翩的浮想。它的语词大多用来指涉概念，句子大多用来陈述命题。一般而论，评论文本的能指层面是专门为所指层面服务的，不具有对所指而言的优势和相对独立性。

文学文本则迥然有异，它在一级能指，既语言上是比较讲究的，特别是中外传统诗歌，非常关注音节或音步的齐整，声律或声调的对称，句子的协韵等等，关注语音的抑扬顿挫及其鲜明的节律感。文学文本的二级能指则讲求语词、句子以及由语句引发出来的想象画面。无论是诗歌抑或小说、散文，一概可以追求想象画面的明暗、色泽、线条和形体，力求画面的栩栩如生。因此，文学文本的能指形式层面对所指意义层面而言，二者互为对方服务，能指层面具有相对的独立性，具有自己的优势即审美优势。文学文本的形式也不再是内容（意义）的附庸，形式有特殊的地位，形式有自己的意味、情趣和风格。（应当指出，不少中西方传统的文论和批评文本的能指层面往往具备上列的优势和特点，如陆机的《文赋》、刘勰的《文心雕龙》等等，西方贺拉斯的《诗艺》等，它们不只是优秀的文论文本，而且是上乘的文学文本。）

相比之下，中外上古、中古、近古的评论文本，往往是能指层面具有独立的审美优势的文本，而当前的评论文本大多是能指层面来为所指层面服务，自身不具有任何优势的文本，二者不可等量齐观。如果这两套文本骤然相逢，其间既深且广的鸿沟是可想而知的。怎样凭借评论文本的论说性评论性话语及其阐释型意义，去鉴别、彰显和评判文学文本的“有意味的形式”？（克利夫·贝尔语）这是评论者碰到的第三道难题。它也许是最艰难的一道题，古人早就说过此等微妙的形式意味“只可意会，不可言传”。难就难在评论者对这种“意味”，不仅要善于“意会”，而且要善于“言传”。能否解答这道难题，确实是衡量评论者功夫大小、能耐深浅的重要尺度。当今不少评论者总爱对文学文本所谓的思想内容（未必等于表现意义）津津乐道。可每当他们触及文学文本的能指优势和形式感时，却常常止步不前，或刚一碰撞，便草草收兵。

六

李炎君 1986 年毕业于云南大学中文系，十多年来他一直从事外国文学的教学与研究，阅读了大量作品，积累了丰富的资料，撰写和发表了多篇论文，此后，他又攻读文艺学专业美学方向的硕士研究生。这期间，他广泛涉猎西方历代的哲学、美学、文论和文学批评，对西方现当代的各种文论流派和批评模式，他更是潜心钻研，兼收并蓄。近几年，他又撰写和发表了一批分析和评论古今中外文学作品的文章。本文集就是对后一类成果的检阅。

论文集的总标题运用了“多棱镜”这个词语。所谓“多棱镜”有几层含义。其一，审美方位的多元化。在文论和批评领域中的多重审视方位，即前面谈到的四种基本的方位和六条重要的连线，论文集大多涉及了。其二，文论和批评语境的多元化。西方现当代文论家和批评家参照上述基本方位和重要连线，设计和建构了各种文论和批评的话语和语境。论文集特别关注其中的十余种具有一定权威性而且在当代颇为流行的文论语境和批评语境。其三，评论话语的多元化。从一些重要的并具有一定普遍意义的文论语境和批评语境出发，李炎君运用自己的评论话语对各种类型的文学文本进行了独到的解读、阐释和评价。其四，评论对象——文学文本的多元化。“多棱镜”不仅意味着审视方位、文论和批评语境、评论话语的多元化，而且还意味着选取的文学文本其体裁、题材、风格的多元化。就体裁而论，有神话、诗歌和小说。就题材而论，有来自上古时代的原型，也有来自中世纪的传说，更多的是来自现当代生活的各个侧面。就风格而论，这些文学文本的作者——神话的“口传者”、“定稿者”，诗人和小说家，他们各具风采的创作个性，铸造了多姿多彩的风格样式。

在“多棱镜”的视角下，论文集作者既考虑到他挑选的每一种文论和批评语境的表层语境和内在语境的精髓，也考虑到这些语境中的深层语境以及它们周围的外语境的意蕴。论文作者还认真搜索和解读他精选的文学文本的各种语境，它们内在的语句、语篇和章法、布局的组合语境，同时也深深契入它们的创作意图的语境和相应的文化语境、时代语境和历史语境。论文作者对该文学文本所涉足的强力语境和权威语境、精英语境和世俗语境、公开语境和隐喻式的隐蔽语境，也作了仔细的开掘和诠释，还应当指出，李炎君充分注意到了文学文本的所指内涵，同时也把视线投向这些文本的能指层面和形式感，对其能指的审美优势，形式感中的诸多微妙意味和情趣作了体悟、赏析、解说和艺术评价。

七

在“多棱镜”下，论文集一共选了12篇文章。第一篇是绪论，是导言，也是总纲。它对其他11篇论文作了巡礼、鸟瞰和总体性的概述。《政治·强权·文学》对苏联社会主义现实主义的文学语境作了分析批评。正如论文标题所提示的，作者对此等文学话语的强力语境作了颇有深度的洞察，既涉及强力语境强化时代的“单音独鸣”，也涉及强力语境相对弱化时代“多音齐鸣”的萌生。《震响在两块古老大地上的古旋律》一文已经暗示出从地理环境到自然语境的批评角度去审视古中国和古希腊两种神话的相互差异。

论文集的视角主要集中在小说上。《“先见”与文学解读》不但步入解释学的文论批评语境，而且步入了女权主义的文论和批评语境，结合两种批评语境的特长，对《简·爱》进行了解读。《现代派小说与童话故事的复现》针对的是现代派小说，选用的批评话语和评判语境是原型说，现代派小说虽然非常“现代化”，然而从中仍能找到传统小说中常有的故事原型，它同传统小说的差别不是没有“童话故事”的原形，而在于表现这些原型的手法有了新的变化。《形式与意义》对契诃夫的《套中人》从形式结构到意义结构作出了整体的诠释，这样的诠释是在符号学、叙事学的批评语境中展开的。作者认为，如果把非语言语境和外在语境悬搁起来，小说的意义只能在形式层面的字、词、段落、“核心事件”、“卫星事件”中，以及它们的组合关系里塑造而成。《结构·叙事·小说的审美价值》结合《呼啸山庄》，凭借叙事学的批评语境，解答了小说文本中和叙事结构中的一些理论问题。在《希望与绝望》中，评论者立足由作者与客体、作者与作品的相互关系组合而成的复杂语境，解读了《第二十二条军规》中的“黑色幽默”，而且剖析了形成这种文学风格的存在主义的语境。《从福克纳的〈熊〉看小说的神秘主义色彩》，作者以文学作品为本位，破译潜隐在作品、人物中的自然语境以及“心灵的表现手法”中的神秘的意义，同时也肯定了这种“神秘主义”色彩独具的审美价值。

除了小说文本外，论文集作者的批评话语还指向诗歌文本。在《惠特曼到金斯堡》一文中，论文作者对惠特曼和金斯堡这两位诗人的话语，从形式到内容作了比较研究，对他们的诗歌文本的表层和深层的意义，内在和外在的语境逐一加以评析。论文集还包括《从〈论语〉引出的中西诗歌演进的几点感受》一文，该文的批评语境首先来自孔子的《论语》，同时又借鉴了西方当代历史主义的批评语境。耐人寻味的是，作者借助一中一西两种批评语境，对同样是一种以西的两套诗歌观念的演化在几个层面上展开了两相对照的研究。从总体上说，诗歌文本具有什么样的意义世界？论文中作者在《诗——意义的多元世界》长篇论文作出了细致的解答。诗所展现的意义世界是诗人自我及其感情的世界，诗蕴含的内在意义只能是表现诗人自我情感而形成的表现意义，由于不同的诗人其气质、性格、才能、经历迥然不同，因而他们的诗歌文本蕴含的表现意义也是千奇百异、极其多样化的。在表现主义的文论语境中，论文作者向我们凸显出一幅诗歌表现意义七彩纷呈的画面。鉴赏诗歌文本离不开读者对诗人感情的再体验，也离不开读者自我感情的再现。诗的多元化表现意义的世界还有第二重意指，意指诗歌读者在气质、性格、才能、经验方面的多样化。因而，他们借助诗作再表现的感情世界也是一个多元化的世界。

“多棱镜”显示出李炎君的多元化视角。不言而喻，多元化中的每一“元”都具有相对的独立性，由每一种或每一组视角出发撰写的论文毫无疑问也是独立成篇的。然而，“多棱镜”无论有多少“棱”，毕竟是一面镜子。多元化也不一定如水银泻地，散漫不收，它仍然可以统一在某种一以贯之的思路中。从论文集的 12 篇相对独立的论文中，找得到穿插于其间的蛛丝马迹、草蛇灰线。统一的元文论、元批评的构思，就是去勾画这若隐若现的线索。对此，我在序言中已经作了说明，称之为多元化中暗含的一元论。李炎君在《“话语”与文学批评》一文中也已作了介绍。由于序言的篇幅所限，对于元文论、元批评中“多元化的一元论”只能点到为止。

1998 年 4 月于云南大学中文系

书法艺术之审美心理

——《淡泊居士书法艺术集》序言

书法艺术的全部风采都是在视觉空间中展现的，是创作者和欣赏者在互换的视觉世界里凸显出来的，所以是一种视觉艺术。

中国书法艺术依靠汉字的笔画组合在视觉空间里构造和造型，所以是一种特殊的造型艺术。

中西方的视觉造型艺术风采迥异。西方传统的油画，重色彩，经常用色彩去造型，用色彩对比暗示形体的轮廓，可称之为色彩的艺术。中国传统的水墨画，重明暗，用明暗对比去表明线条，用线条去组装形体，可称之为线条形体的艺术。

“书画同源”，水墨画和毛笔字异曲同工。中国书法更是不离明暗对比，不离线条的排列组合。宣纸白如霜雪，是“明”处；墨迹黑过煤炭，是“暗”处。白纸黑字，明暗对比极为强烈，因而线条分外鲜明，形体跃然纸上。以明暗和虚空为背景，书法是最有代表性的线条艺术，是线条组合或笔画构架的艺术。

空间艺术或造型艺术在视觉世界里创造静态的形象。但静中有动，从凝固中暗示出流动。书家握管挥毫，是一种操作动作。书写时身躯在动，对多数书法家而言，右臂及手腕更是灵活不已。书写的动作融入线条之中，纸上的线条经由鉴赏者的视觉，在其身上、手上引起或强或弱的动感。书家的挥洒动作，有疾有徐；鉴赏者的动觉感应，也时急时缓，或如飞流，或如慢舞。韩愈评张旭的狂草："变动犹鬼神，不可端倪。"书法线条引发前人和今人的动感，均有不少记载，怪不得有人说：书法艺术是"纸上的舞蹈"。不错，书法艺术是"动"的艺术，是线条运行流转的艺术。

书家手执毛笔，尽情挥洒时，手腕和手指甚至全身的肌肉都会出现张力，形成或强或弱的力度感。书写的力度与动感结合也渗入线条之中。纸面线条的刚柔，在鉴赏者的机体中激起与创作者相似的或刚健遒劲，或轻盈飘逸的感应。就笔锋力度而言，欧阳询"刚健显劲"，虞世南"内含筋骨"，颜真卿则"遒峻紧接"，褚遂良更是"一撇一捺，有千钧之力"（王世祯语），皆为后代书坛所称道。所以书法又是"力"的艺术，线条"力透纸背"的艺术。

书法的线条就是笔画，笔画排列组合生成的形体就是字形。书家历来重视如何用笔画"结字"或"结体"，即如何设计字形的"结构"或"间架"。字形结构中的笔画有先后、左右、上下之分，这些分别在视觉空间里引起不同的比例感、方位感和距离感。笔画之间和字与字之间的比例、方位和距离都有个是否对称、均衡、和谐的问题。

既然书法艺术的线条给人以行云流水之动感，因而笔触间架之中的两极之间不仅是静态的对唱，而且是动态的节律，即运动中的脉动，流转中的节奏或韵律。黄山谷评苏东坡的楷、行："至酒酣放浪，意忘工拙"，米芾"笔下挥洒纵横，跌宕多姿"，皆有各自独特的韵律。所以我认为，书法也是"律动"的艺术，是线条形体组成的"音乐"。

书法艺术重形式也重表现。西方古典的造型艺术追求"再现"，追求人和物的"再现"；中国传统造型艺术追求"表现"，追求自我的"表现"。当然两者的分野并非不能跨越，前者的"再现"经常含有不同程度的"表现"，后者的"表现"有时也不乏某些"再现"的成分。中国国画历来以表现为主，中国书法更是典型的表现艺术。

书法作品表现什么？一言以蔽之，表现作者的"自我"。何为"自我"？表现艺术或书法艺术集中表现的自我，主要是指内在的自我。古人将内在的自我概括为一个"心"字。扬雄曰："言，心声也"，"书，心画也"（《法言·问神》）。不错，书为心画，书法是心灵在笔画中的表现。

就艺术家的自我言之，谓之性情，表现在艺术品中，则形成风格。书家有何种性情，墨迹即呈现相应的风格。从李斯到郑板桥，两千年来，书坛上人才辈出，名家们性情有别，各自的风格更是意态纷呈。用"颜筋柳骨"摹状颜真卿与柳公权的人品与书品，用"颠张醉素"形容张旭和怀素的性情与风格，早已成为中国书法史上的口碑。书家的一生或达或穷，其性情也随之起伏变化，其书风也因时、因地、因体之不同而拓展为多元化的倾向。王羲之的笔致，有时"飘若浮云"，有时"矫若惊龙"；米芾的墨迹，或则"秀润圆劲"，或则"宽绰舒朗"。所谓"颜筋柳骨"云云，不过是举其风格之一端而已。

书法线条的流动是生命的流动。每人的"自我"均为有生命的个体。透过艺术家的造型，艺术家的抒情、写意、言志和表现自我的个性，不难窥见其深处有潺潺不息的生命与活力的伏流。说到底，抒发线条的流动无非是生命的流动，书法线条的力度无非是生命之流的力度。

书法线条运动的节奏是生命的节奏。生生不息的生命之流，并非一派混沌，全然无序。从生命流内可梳理出一定的秩序，并确认其运行的规则和节律。书家笔下的线条，同样流转不息，同样有序可循，而且有清晰可辨的动作节律。祝允明奋笔疾书，狂草的线条如“惊鸿游龙”，其生命流之节奏也同步加强。柳公权用力握管，笔触锋利，“棱角外拓”，其楷书的线条凝重坚毅，内蕴的生命之脉动也具有相应的频率和力度。

书法艺术家“外师造化”，感应宇宙万物的动态节律，创造纸面上线形运动的节律。他们又“中得心源”，凭借线条运动奋进的节律，去表现自我的感情流和生命流跳荡的节律。“造化”中自然律动，转化为笔底线形的律动。“心源”中情意和生命的律动，也转化为纸上线形的律动。以线形为中介，三种律动发生“谐振”，融合无间，同步而进。这就是中国书法艺术中，奇特而又神妙的“天人感应”和“物我同一”。

书家庞有应君，思之再三，毅然为积累多年的书法精品出专辑。付梓之日，邀我写序。书法艺术及其审美心理，我曾作过断续思考。借此机缘，何妨将其中的一鳞半爪形诸文字。上述书法审美心理的简单解释可作为序言的“开场白”。一则为读者鉴赏庞君之艺术精品，做个向导；二则为介绍他的创作经历和多元风格，做个铺垫。

常人学书，均举前辈名家为师，开口王逸少，闭口颜鲁公。庞君学书之初，始则也以王、颜诸家碑帖为范本，后则以王、颜之师为师。王、颜之师何许人也？曰甲骨、钟鼎，曰汉碑、魏碑。庞君学书治书，有自己之准则，定自己之目标，辟自己之蹊径。李邕云：“学我者死，似我者活”，他深以为然。“学书之人，若囿于某家某派，不超越前人雷池一步，只落下乘也”，是他的治书格言。对名家如是，对自己也如是，“永远不重复他人，更不重复自己”。因此，他强调创新，创新的意象，创新的风格。“死学古人而无创新，无自己的风格，谓之书奴”，对此他不屑一顾。的确，庞君笔下的线条，博采古人，不墨守一家、一派、一体、一格。他广涉真、篆、隶、草，但绝非浅尝辄止，而对各体皆遍下工夫，均见成效。纵观其作品，尤以行草为佳。他的作品很重形态形式感，不论线条、形体、结构，还是动态、力度、节律，皆有自己的特色。运笔挥洒自如，沉着而不滞。笔下的点画，有时沉雄凝重，有时酣畅淋漓，有时则流转飞扬。其条幅中常有一特长的中锋笔，矫健遒劲，似枯而不萎，颇有韵味。结体灵活中见严谨，平正中见险奇，也很别致。线条动作的节奏感更值得称道，其中粗细、长短、轻重、缓急、疏密、浓淡、方圆、欹正等等，或对称，或对立，相间而行，错落有致，皆有动态节律。行草线条的动态节奏，前后一气贯之，令人有起伏不停、流转不已的生命脉动之感。

庞君不仅重书之“形”，更重书之“神”，深知“书之妙道，神采为上，形质次之，兼之者方可绍于古人”。庞君自号“淡泊居士”，条幅中有“乐观旷达”四个字，乃其性格之自画像也。他很赞赏“学书者，心要野，功要深，要在字外下工夫”之格言。“野”字，或“粗犷”、或“豪放”，颇能显示其个性的一个侧面。他为人治书，皆我行我素，不随大流，不趋炎，不附势。他常说：“人有人品，书有书品。书以人品立世，人靠书品传世。”庞君治书似其为人，他的书法艺术风格恰如其性格。遍览庞君的作品风格，有粗犷的一面，也有端庄的一面；有稚拙的一面，也有古雅的一面。进而言之，跳荡而兼有持重，峻峭而内含丰润，雄奇而不流于荒诞。总之，在其特有的书风里，多元对立蕴涵于统一。

吾与庞君往昔素昧平生，近日方有书面之交。我虽是书法欣赏之爱好者，然于书法理论并非行家里手。因受庞君所托，听他之言，观他之作，深有感触，也略有意会，草草写就一篇序言。

甲戌年小雪于昆明

文化学、符号学、美学与文学批评的整合

——兼评朱曦、章立明新著《文本·文化·美——新时期云南文学人类学批评》

成熟的学术研究和文艺批评，应当有坚实的理论背景和方法论基础。理论和方法论底蕴的厚薄，同学术研究和文艺批评视野的广狭、水平的高低、功力的深浅、成效的大小，息息相关。同一对象可以用不同的理论模式和方法论方式进行阐释和评价，仁者见仁，智者见智。不过仁智之间，仍然是可比较的，谁有真知灼见，谁是人云亦云，孰深厚，孰浅薄，读者自会鉴别。不同的研究对象或研究领域，也可用同一种理论模式和方法论模式进行解读或批判，理论的建构和选择，方法论的营造或吸纳，合理与否，贴切与否，常令研究成果或批评成果的理论档次有高下之分，乃至天壤之别。

朱曦副教授和章立明副教授合著的《文本·文化·美——新时期云南文学人类学批评》这部专著，研究和评论的对象是云南近20年的文学作品。入选的都是叙写云南各民族的文化传统、生活风貌与人物性格的作品，有些是少数民族作家的佳作，

也有不少是汉族作家写民族风情的力作。这些作品步入专家和评论者视野，已经是不新鲜的事了，这方面的著作和论文在书籍和报刊上时有所见所闻。值得称道的是，朱君和章君采用了颇为新颖的理论模式和方法模式，他们吸收了现代中外文化人类学的研究成果，而且把这方面的心得与符号学的理论和方法结合在一起，不仅如此，他们还将两者的“集合体”融入美学、文论和批评领域。

一

就文化人类学而言，朱君和章君毫不陌生。朱君是云南师大中文系地方文化研究所的副所长，章君正在攻读云南大学人类学系的人类学博士学位，他们阅读了泰勒、弗雷泽、涂尔干、马林诺夫斯基、克鲁伯、米德、列维－斯特劳斯等大师的名作，同时，我们师生之间也就文化人类学的有关问题，做过探讨和切磋。人类学涉足的文化现象，有静态的、共性的构成和聚合，也有动态的、历时性的进化（可进化性）、变迁、交流和融汇。文化的静态构成，大致可以分为三个层面，即实物层面、行为层面与观念层面。实物层面又分为两大亚层面，一是人工制品，二是某些自然物。人工制品亚层面，包括生产工具、生活资料、战斗武器、日常用品、房舍居室、运输通信等等。这些人工制品无不融合着特定的民族或地域的文化观念，从它们的形貌、规格和特点来看，都是名副其实的文化现象。至于自然事象，只要同特定民族和地域的观念文化有联系，转化成这些观念的象征或隐喻，均可视为地地道道的文化事象。

行为文化可以划分出几个亚层面，一是语言文化，二是制度文化，三是狭义的行为文化。制度文化和语言文化姑且不论，诸如生产动作、生产程序、道德礼节、婚嫁丧葬、游戏娱乐等等，总之，凡是规范了的动作及其操作程序，都在狭义的行为文化之列。制度文化、语言文化以及狭义的行为文化与本能动作有别，因为这三方面的行为文化，都有观念的内涵，都有严格的范式，并认定了众多不得违逆的禁忌。

观念文化由两个文化层面组成，一是价值观念，二是知识或科学知识。仅就价值观念而论，它包括道德价值观念、宗教价值观念、法律价值观念等，这几种价值观念的“正”方可合成为“善”，“负”方可合成为“恶”。价值观念还涵盖知识的、科学的、真理的价值观念，他们的正价值叫做“真”，负价值叫做“假”或“伪”。审美价值观念也是一种重要的观念文化，正负之间以“美”或“丑”来区分。除此之外，还有一些重要的价值观念，比如实用价值观念，及其有用无用、有益有害的正负价值。又如经济价值观念，及其盈与亏、有利和无利的正负价值。在文化的共时性结构中，实物文化和行为文化是基础，观念文化是核心，它无孔不入，渗透到实物文化和行为文化的全部规范和细节之中，反之亦然。实物文化和行为文化处处都体现着不同的价值观念。

就文化的动态、历时性结构而言，不同民族和地域的文化都是不断演进，不断变迁的。特定的地域和民族文化不可能与世隔绝，永远独立自足。它跟相邻的民族和地域文化经常相互碰撞，相互对抗，同时又相互交流，相互融汇。一方面，某个民族和地域的文化，总是不断地向外辐射，影响着别的地域和民族的文化；另一方面它又受到周围的民族和地域文化的连续浸染。文化静态构成中的三个层面和众多的亚层面处在进化变迁、交流融汇的过程之中。相对而言，在民族、地域文化历时性变动过程中，观念文化尤其是各类价值观念有其相对的惯性，时常置身于相对稳定的状态之中；行为文化中的语言文化、制度文化以及道德礼节、宗教仪式也有较强的惰性。所谓“稳定”或“惰性”并非不会变动，只是说变动得比较缓慢，有其定式而已。实物文化尤其是生产工具、战斗武器、日用器皿等就容易受周边文化的“入侵”。相对而言，行为文化中的生产动作和操作程序总是处在不断的更新过程中，经常凭借外来文化获取先进的生产流程和操作技能。与此相关，观念文化中的实用价值观念、经济价值观念等同其他文化碰撞时，也会有所变迁，有所更新。

谈到这里，不能不涉及各民族的传统文化和现代化的关系问题。各民族历史悠久的传统文化，既不是生来如此，更不会纯之又纯。所谓“传统文化”，不过是漫长的过去，因相邻文化圈（以及生存环境等因素）的交互作用而逐步形成的，而且长期保持稳定。其实，民族化与现代化，传统性与现代性并非完全对立，水火不容的。云南、中国、乃至全世界的各民族都不可避免地面临着上述问题，一方面众多民族大力搞现代化，接受现代性，他们的某些实物文化、行为文化甚至部分观念文化，均或速或缓地进入了现代化的历程。另一方面，这并不妨碍各民族的某些建筑、服饰、饮食、器皿等实物文化层面，某些礼节仪式、风尚习俗等行为文化层面，部分道德、宗教、审美等观念文化层面保持自己的传统。

二

朱君和章君的专著，还引进了符号学和符号学的理论模式和方法模式。把文化人类学的符号学、符号美学融合在一起。他们对符号学、符号美学也是有功底的，听过我的符号学、符号美学的课程，更重要的是他们解读了莫里斯、格雷马斯、罗兰·巴特、艾柯等人以及国内某些符号和符号美学的著作。

符号、语言和文本皆有自己的“能指层面”和“所指层面”，前者亦可叫做“形式层面”，后者又称为“意义层面”。专著以语词、句子、文本为符号单位，深研了语词、句子，特别是文本的能指和所指层面，形式层面和意义层面，对这些层面的能所关系或形式与意义的关系有了深入的理解。

文化学和符号学是互渗互补的，相辅相成的。以我之见，文化现象大体上都可以视之为符号现象，同理，符号现象大体上也可视之为文化现象。进言之，可以把文化构成中的实物层面和行为层面转换成符号学中的能指层面或形式层面，将价值观念层面转换成符号学的所指层面或意义层面。民族或地域文化的实物层面和行为层面之所以能确认为文化现象，原因之一是它们皆蕴含或潜藏着民族和地域特有的价值观念。一般地讲，特定民族的实物文化或行为文化总是蕴藏着该民族的价值观念，反之各种价值观念总是直接或间接地体现在该民族文化的实物层面和包含在语言、体制在内的行为层面之中。所以，文化学转化为符号学，用符号现象来解析文化现象，是顺理成章的。

在符号学中，语词要组成句子，句子要组成语篇或文本，就有如何进行横向组合的问题。这样的组合必须按一定规则进行。用语词组合成句子，需要遵从句法规则。对照文化人类学，实物与实物的联结，动作与动作的结合，观念与观念的贯通，也有一套“文化代码”。文化学中的代码规则和符号学中的组合规则未尝不能互渗互补，所以将代码转换成组合规则，使二者融通汇流，也不足为奇。朱、章两君将文化学和符号学的理论与方法熔于一炉，在他们的专著中的确是用了不少心思。

三

文化学和符号学的理论模式与方法论模式经常要以美学或文论为“中介”，才能顺利进入文艺批评或文学评论的领域。如果文化学和符号学的理论和方法直接面对艺术品或文学文本，那么其研究成果充其量不过是对艺术作品与文学文本作出了文化学诠释或符号学诠释，而不成其为严格意义上的艺术批评或文学评论。艺术批评或文学评论离不开美学或文论。文化学和符号学的理论与方法“融入”美学或文论的理论与方法之中，才能对艺术作品和文学文本展开审美的批评。由此引出了本书在理论和方法上的第二次转折，即文化学和符号学向美学或文论的“转折”。两位作者都是中文系的学士，朱君在云大中文系文艺学方向美学专业硕士生班进修了两年，章君获得了该专业的硕士学位。他们两位对美学或文论颇有造诣，进行这样的“转折”和“融入”都是胸有成竹。

如何将文化学和符号学的理论与方法论“融于”美学或文论的世袭领地？答案之一，是务必将文化人类学中的实物文化和行为文化（狭义的行为文化）转换成符号学中的能指层面。实物文化和狭义的行为文化都是可见可感的，由它们转化而成的符号或文本的能指层面也是可视的、可感知的。实物、行为或能指层面可诉诸视觉及其他感受，在审美上具备了不可或缺的必要条件（而不是唯一条件）。当可见可感的实物、行为或能指层面，使人赏心悦目，引起了美感愉悦，这时候，它们才具有了审美属性，具有了能指的审美优势。诗歌文本凭借遣词造句写作而成。它的一级能指的审美优势或审美特性是由语音构成的，由语音的节奏感即语音的协韵及其律动的抑扬顿挫提供的。诗歌文本是十分讲求审美特性或语音的节奏感的，小说文本在这方面没有严格的限定。这是诗歌文本与小说文本在审美特性上的一大区别。二者在能指层面上却有相同的审美追求。此类共有的审美追求来自何处？来自语词、句子和文本的二级能指的审美优势。何为二级能指？语言文字的语音字形是所谓一级能指，由语音和字形引发的想象和想象的心象才是二级能指。写诗、写小说或者读诗、读小说引发的心象，由这些心象激起的美感愉悦，就是二级能指获得的审美优势。

我们把注意力集中在小说文本上。当读者与读者撰写与阅读小说时，通过想象活动创造或在创造文本里有关人物、情节、环境等等联翩心象，并且领略到其中的审美情趣，这就是小说文本二级能指的审美优势。以民族文化和民族生活为素材的小说文本（以下简称为民族化的小说或“民族小说”），其中，由想象的心象建构的二级能指，一般都指向民族化的行为，所以，“民族小说”的二级能指是同民族文化中的实物文化和行为文化相关联的，二级能指的审美优势是民族文化的审美优势。本书的研究对象是“民族小说”，而且大多具有民族化的连绵心象及其审美优势，作者十分关注并着力开掘和评价其审美优势中民族文化的物色。

小说文本需要将语词组成句子，句子组成文本，小说的作者力求这些横向组合取得审美的优势，因为这样的组合也能给人以审美感受。当然，这些小说是由汉语写成的，它们的词、语、句、篇的横向组合关系加上相应的审美优势，不能不受到汉文化的熏陶。

小说文本的横向组合关系可分为两个层次，一是表层组合关系，二是深层组合关系。前文提到的语句组合属于“表层的组合”。在深层组合关系里，小说的作者必须促使同一人物的各个侧面组合成从行为到心理都栩栩如生的人物形象，人物间的多重关系组合成纵横交错的关系网，还需要把零散的事件组成有条不紊和腾挪跌宕的故事情节，人物活动环境中有各个细节组成同人物、情节丝丝入扣的环境形象，进而梳理人物、情节和环境里的诸要素，令其形成整体性的小说文本。上述种种组合，理应是按特定的审美原则进行的。不言而喻，不同作家的笔下，上述多侧面、多向度的组合，肯定会牵引出异彩纷呈的审美优势，能给作者和读者以各种品位的审美享受。“民族小说”里的人物、情节和环境都来源于特定的文化圈或民族文化之中，不难看出，民族小说深层次的横向组合及其审美特性，必将留下特定民族的文化印迹。本书作者目力所及，对这重关系中的民族化的审美特性有所洞察，并作了深入的揭示。

小说的所指意义是通过能指层面和组合关系的审美特性加以表现的，或者说是通过能指和组合构筑起来的形式感进行表现的。意义进入了形式，意义凭借形式加以表现，在形式感中获得了审美特征。在以云南各少数民族文化为素材的小说文本中，其内涵意义直接来源于民族文化中的观念文化。前面已经谈过，观念文化凸现出在实物文化之中。实物文化和行为文化转换成“民族小说”中的形式感。由此推想，这些小说文本内在意义不仅具有观念文化自身的特性，而且还具有形式感中民族化了的审美特性。朱、章两君对“民族小说”隐藏在民族化的形式感里的意义层面，以及意义层面里的同样民族化了的审美蕴涵，也作了力所能及的解析。

对民族文化为原型的小说文本进行研究和评价，在海内尤其是省内不乏其人，然而他们中的多数所用的理论模式和方法论模式比较陈旧，往往落入俗套。《文本·文化·美——新时期云南文学人类学批评》的新颖之处或独到之处不在于研究和评价的对象方面，而在于切入的理论模式和方法论模式。单纯的文化人类学的切入，单纯的符号学的切入，单纯的美学或文论的切入，以此为视角撰写的评论文章，也不算十分稀罕。可贵的是两位作者进行了两次转折，把三者交汇在一起，成为有机的整体，并将其作为本书的理论和方法论支点。当然两位作者还年轻，只是将这样的支点隐含于他们的批评文本之中。“代序”的目的就在于将渗入专著字里行间的文化学、符号学、美学或文论的交融和整合，做一些简短概略阐发。希望朱、章两君更上一层楼，对文化学、符号学、美学及文论作更深层次的求索和钻探，深度领悟三者内在的关联性，尝试建构独树一帜的批评理论模式。

文化、价值、观念与符号

——《中国竹文化》序言

20 世纪 80 年代中叶以来，“文化热”遍及大江南北。云南地处西南边陲，以地貌独特、景观神奇、民族众多、风情各异著称于世，因而云南学术界研究地域文化或民族文化的热潮更是一波接一波。何明与廖国强两位年轻的研究者，早有一试身手，在文化研究中独辟蹊径的雄心，要写一本专门研究中国竹文化的书。这是一项很有意义的开拓性工作。地域文化、民族文化和门类文化的著作虽则充斥书肆，但像竹文化一类的文化领地尚属冷门，当时无人问津。几年来，他们或则伏身书案，或则涉足僻壤；有时博览古籍，钩沉索隐，有时深入村寨，调查研究。两位作者努力开拓资料的视野，从时间上追溯竹文化萌生的渊源，检索了半坡遗址和龙山遗址的考古资料；从空间上俯瞰竹文化弥散的领域，跟踪了从黄河流域到珠江流域的传播轨迹。久而久之，收集的资料积案盈箱，若放诸地面，高可等身。因此，材料的翔实丰富成了本书的特色之一。

以罗列材料和旁征博引取胜，是坊间不少文化学专著的优势，却非本书作者追求的终极目标。资料只是手段，立论才是目的。手中材料充裕，建构理论有了左右逢源的回旋余地，这是迈出的第一步。第二步是使混沌的原生材料化为有序的理论模型，建构井井有条的中国竹文化纵向与横向的联系。何明君擅长于“论”；廖国强君专精于“史”。两人合作，就有可能实现史论的结合，让“论”的共时性与“史”的历时性相互依存，“论”的横向秩序与“史”的纵向秩序相互补充。在多元一体的中华文化涵盖之下，他们精心运思，梳理出一套竹文化从仰韶到现代的历时性演变脉络和竹文化从中原到西南、从景观到符号的共时性结构层次。统观全书，“史”与“论”水乳交融，形成有机的统一体，这是本书的特色之二。

就史和论中的“论”而言，更能见出作者的功力。为营造竹文化立体的构成理论，何、廖二君还是下了大功夫，更上一层楼。不仅以各名家的文化理论和文化人类学作立论的背景，而且引入中外价值学和符号学的学术成果。相关学科成就的引进，对拓展与深化竹文化的理论模型大有裨益。裨益在于，使思考的视线穿透单纯的景观层面，直插隐含于其中的价值层面和符号层面，让后两个层面纤毫毕现。读者大约会认同，透过中国竹文化表层的种种景观样式或物化形态，开掘出深层次的价值内涵和符号意义，是本书的第三个特色。

广义的文化是一个包罗万象的宏观系统。这个系统涉及人类活动的诸多方面。文化系统像其他系统一样有自己的内部结构。结构中包含众多要素和由要素组成的各种层面。实物层面（含景观层面）、观念层面与符号层面，是竹文化涉及的几个重要层面，在广义文化系统中，这三个层面又衍生出三种亚文化，即实物性文化、观念性文化和符号性文化。竹既是一种实物或景观，又蕴涵了一组观念，实物与观念结合还构成了一组独特的符号。所以竹文化不是一种单一层面的微观文化，而是一种含有多重亚文化层面的中观文化。

作为生活与生产资料的自然物，经过劳动加工制作而成的产品，生产、战斗、巫术和生活的工具，人类赋予特定意义的自然景观，借以预测未来的自然征兆，诸如此类的实物组成了文化的实物层面或实物性文化。号称“四君子”的梅、兰、竹、菊，以及茶酒等等，均以实物或景观的形态进入文化领域，所以它们都是实物文化或景观文化的组成部分。在中国多民族的传统文化中，竹遍及实物文化或景观文化的许多方面，既是初民自然崇拜的对象，历代审美鉴赏的景观，又是制作各种工具、用品、工艺美术品和建造房舍的原材料，竹笋还可充作寻常的菜肴。同竹子相比，其他类型的实物或景观其涉及面就显得相当狭窄。比如梅、兰、菊，只在景观文化中占一席之地，茶和酒一般不超出饮料文化的范围。至于“岁寒三友”之一的松树除了作为一种景观文化外，还可充当木构建筑和木制品的原材料，但其普泛性仍不及竹子。

文化与价值息息相通，有千丝万缕的联系。广义文化系统中纵向的技术文化、制度文化和符号文化，横向的实物文化、行为文化和观念文化，均按不同的方式聚合了性质各异、类型有别的价值内涵。反之，任何类型、任何特性的价值，都是文化圈里的具有文化属性的价值。所谓“价值”，简而言之，是指事物和行为（含技术、产品、符号、制度等）及其属性具有满足人类某些需要的潜在功能，即在不同程度上满足人类不同性质需要的那些功能。实物文化中的种种事物或景观只是价值的“载体”，或价值的“承担者”、“负荷者”。当实物及其属性同人有了联系，进入人类群体的文化圈，发挥着已经或可能满足人类需要的作用时，才谈得上有了价值功能。人类有多种多样的需要，事物的价值功能也是多元化和多层面的。人类的需要不断发展，日趋复杂；事物的价值功能也不断进化，日益纷繁。人的需要不只是自然本能的需要，而且是社会性和文化性的需要。社会史和文化史足以说明，从远古至晚近，人类各种需要的自然性越来越隐化，而其社会性和文化性却越来越深化、强化和显化。事物的多重价值功能与人的各种需要是同步发展的，跟随人类的历史进程越来越社会化和文化化。显而易见，实物中的劳动产品具有社会特性和文化特性，即使是纯粹的自然物，例如一片野生的竹林，其满足人类需要的各种价值功能也在不同程度上抹上了社会性和文化性的油彩。正因为众多的实物及其性质能满足人类种种自然性、社会性和文化性的需求，具有相应的价值功能，所以才能说这些实物进入了人的文化圈，组成实物性文化的层面。实物文化首先是满足人类实用需要的文化，其中的景观、器物、工具和建筑，无例外地含有实用性的价值内涵。不同形态和性质的实物，能分别满足人类的生存自卫、性爱繁衍、遮风避雨、治病消灾、延年益寿，以及生产劳动、旅行迁徙，几乎是全方位的实用需要。实物文化从一定意义上讲，也是满足人类审美需要的文化，其中多数自然或人工的景观，部分建筑、器物、工具的形式，还具有审美性和艺术性的价值内涵，实物文化中的某些器物、景观和工具，又可能潜隐着道德、伦理、政治和人格修养的价值内涵。

在中华多元一体的文化传统中，竹子的用途极为广泛，是多种成品的原材料，包融了实现多重实用价值的可能性。竹竿、竹叶、竹笋、篾片的踪迹，遍布千家万户衣食住行的各个实用领域。用竹篾编织成篾帽、竹屐、斋冠，满足了“穿”（“戴”）的实用需要。用竹叶裹粽子，用竹筒煮米饭，用竹笋做菜肴，满足了“食”的需要。用竹子建造竹楼、竹门，编成竹篱，满足了“住”的实用需要；用竹子排竹筏，做竹篙和滑竿，满足了“行”的实用需要。不仅如此，竹子还能加工成笔筒、竹杖、竹扫帚、竹扇子等器物；竹椅、竹凳、竹榻等家具，竹筛、篾箩、竹管、竹扁担等生产工具，弓、箭等战争工具，竹筒、竹笔、竹纸等绘写工具，洞箫、竹笛、横笛等吹奏工具。可见，竹子负荷的实用价值又远远超出衣食住行的狭小天地。同竹文化相比，梅、兰、菊文化只是实物文化中的“景观”，一般不负荷实用价值；而茶文化和酒文化则不成其为“景观”，主要含有充作饮料的实用价值；从广泛的意义上讲，中华传统文化离不开竹子，中华民族尤其是江南各民族同竹文化结下了恒久的不解之缘。以表层的实用性因缘为铺垫，竹子同人之间还结下了深层的观念性因缘和感情性因缘，使各种实用性的竹制品烙上了中华文化特有的观念印记和感情印记。

中国竹文化不但负荷了广泛的实用功能，而且饱含着丰富的审美价值。自然生长或人工栽培的竹子，虽然品种繁多、形态各异，却有着相似的特色和风范。色彩光泽方面，枝干和叶片四季常青、苍翠欲滴，正如苏辙《墨竹赋》所言：“叶如翠羽，筠如苍玉。”（苏辙《墨竹赋》）线条形体方面，竹节圆润、笔直、挺拔，竹叶也有笔直的脉络和辐射的形态。竹节、竹叶均给人以遒劲、坚韧、刚毅的力度感。特别是竹根，“得土而横逸”，如龙盘虎踞，更有气势。风中的凤尾竹，摇曳多姿，潇洒自如，“依风而长啸”。雨中的篁竹，亭亭玉立，一碧如洗。这是竹子的动态风韵。经冬不凋谢、不落叶，欺霜傲雪，真是“苍然于既寒之后”。这是竹子的自然品质。竹子的色彩、形态、品格和风姿，在历代的诗人、画师、书家和鉴赏者的心目中，勾画出清新雅致的视觉意象，酝酿成高洁、醇厚的审美情趣。竹子的景观具有上述特点，竹制的工艺美术品，竹构的建筑、家具，以及部分竹制用品和竹制工具，也在一定程度上保留了甚至强化了竹子原有的造型。因此这些竹制品也能引发相应的形式感，产生清新的意象和高雅的情趣。

每一个文化圈都包容了观念的层面，即观念性的文化层面。诸如，有用有利的观念，财富占有的观念，权力等级的观念，伦理道德的观念，宗教信仰的观念，真知真理的观念，此等价值观念的组合，形成了广义文化系统中的观念性文化。而每一类型的价值观念又有相对的独立性，成为观念文化中的一个分支。当然，审美艺术的观念，也是观念文化中必不可少的重要成员，审美文化则是观念文化的一个重要分支。审美文化虽然同实物文化有密切联系，但从主导方面来看，它是一种名副其实的观念性文化。竹子的视觉意象及其审美情趣，竹制品和竹子建筑引发的形式感，不过是审美价值的载体或审美观念的表现形式，它承担着中华文化圈里的种种审美价值，表现着悠久的审美观念和审美理想。从这个意义上讲，中国竹文化不只是一种实物性文化，而且是或主要是一种观念性文化，即一种审美文化。说竹文化是一种观念性的审美文化还有一层道理，即竹子和竹制品的造型可广泛赋予宗教、道德、政治等等价值观念，以及表现由各种价值观念融会而成的人格理想。

以汉族为主导的中华传统审美文化，既重视审美活动中“绮靡”、“浏亮”的形式因素，也重视审美活动中“言志”、“缘情”的意蕴因素，强调文艺创作要寓情于景、托物言志，通过客体性的景观去表现主体性的情志。历代的诗人、作家和艺术家，无不讲求在比兴之间、象意之间、形神之间建立统一和谐的审美表现关系，力图做到情境交融、“妙合无垠”，做到天然景观和人我情志的齐一，即审美的“物我同一”或“天人合一”。远者不说，唐宋以来诗中写竹和画中绘竹已蔚然成风。北宋后期的文同（字与可，1018—1079）以“墨竹”名于世，并开以墨绘竹之先河。文与可将自己的生命、人格、价值观和洁身自好的人生理想全部融人墨竹的造型之中，使墨竹之外形和与可之为人合而为一，真可谓“如是而生，如是而死，如是而挛拳瘠蹙，如是而条达遂茂”。他笔下的竹子，“风梢雨箨，上傲冰雹；霜根雪节，下贯金铁。”究竟是画眼里之竹子，抑或是画与可之自我，两者难解难分！从文同的墨竹可以体悟到，在竹子的图像中长期积淀的审美意识，也不难窥见以竹子为景观的中华审美文化之一鳞半爪。

文化与符号的关系极为紧密。包括语言在内的符号体系，只能在特定的文化圈内孕育而成，必定佩戴该文化圈的徽号。实物文化与观念文化是合成符号文化的两种重要素材。文化系统许多可观察感知到的事物、行为、图像和声响，均有可能转化为符号的形式。文化系统中各种不可观察感知的观念、感情和愿望，也有可能转化为符号的意义。当某个实物同相应的观念建立了固定的恒常的关系，该实物将会发挥“能指”的作用，而相应的观念则充当“所指”的对象。前者构成了符号的形式，后者则构成了符号的意义。比如，傣族祖祖辈辈居住在样式别致的竹楼里，傣族生活的方方面面均与竹子有关联。经过时间的洗礼，竹楼的图像可视为符号的形式，有关傣家风尚习俗的观念则成了符号的意义。符号具有表达、传播和交流的功能，符号的外在形式和内在意义是同一文化圈里的成员熟知的，至少在这些成员之间可充作表达、传播和交流的工具。仍以竹楼为例，每当人们看到竹楼的图案，必能体悟到蕴涵于其中的独特意义。

符号有多种类型，语言是一种最基本的符号，但符号不限于语言。生产和生活中，技术性的操作动作可以程式化和符号化，道德礼节、宗教仪式、节日庆典等，均可全面的符号化，生成神圣的符号系统。等级社会中的居室、饮食、服饰、鞋帽等实物文化，均可因权势、地位、职务的不同而有了级差，并明令规定为不可僭越的权威性符号标志。连乘骑、车辆、轿子、舟船一类交通工具，也能标明权力占有结构里的不同层次，强化为上下尊卑的符号形式。符号的形式不拘一格，符号的意义更是千歧百异。符号指称的具体事物，述评的价值观念，表现的情感状态，皆可构成符号的“所指”因素或符号的内在意义。符号的意义大体分为三类。（1）指称意义，即平时生活中的多数名词、动词、形容词、数量词等语词符号含有的，指称具体事物、现象、行动、属性和数量的符号意义。（2）述评意义，即价值语词和部分实物、动作、图像等符号形式含有的，陈述和评价各种价值功能、价值观念以及正负价值的符号意义。（3）表现意义，即表情语词、文学语言、表现动作和文艺作品含有的，表现喜、怒、哀、乐、爱情、友谊、恐惧、嫉妒等感情和心境的符号意义。

中国传统的竹文化，从一定程度上讲也是一种符号文化，即以竹子为形式的符号文化。竹文化中的竹子景观和部分竹制品、竹图像，在一定条件均可演变为“竹符号”的形式因素。“竹符号”有别于语词符号，一般不含指称意义，它除了含有述评意义之外，有时还含有表现意义。竹景观、竹制品与竹图像在中华文化里吸纳了多种述评的和表现的意义要素，因而生成了众多类型的“竹符号”。自然崇拜符号、宗教符号、习俗符号、道德符号、人格符号、艺术符号是“竹符号”系列中几类常见的符号。雅美人是台湾高山族的一个支系。该族的人类起源神话讲述了人类缘起于两个男性神。其中之一是从竹竿的裂缝中蹦出来的。雅美人眼中的竹子吸附了人类起源的观念，成了祖先崇拜的神圣符号。汉代，竹皮制成的“头冠”是举行祭神宗教仪式必戴的“斋冠”。“斋冠”凝聚了一组宗教观念，成了一种宗教符号。前面提到的竹楼图案，象征着人们给予肯定评价的傣族风情，是一种习俗符号。竹子有节，节节挺拔，四时常绿，虽入隆冬而不凋零，所以竹节的形态能负载独特的符号内涵。古汉语常用“气节”、“节操”、“贞节”、“高风亮节”一类带“节”字的词汇去褒扬高尚的德行和人格。而带竹节的景观、器物、图案和意象也发挥着相同的符号功能，演化成象征道德情操和人格理想的道德符号和人格符号。

诗词歌赋等语言艺术包括两重符号形式，一重是语言形式，一重是由语言引发的虚象（意象）形式。绘画、工艺品、建筑等造型艺术的符号形式是视觉实象，即由色彩、线条、形体组成的图像形式。不论是语言艺术的虚象，还是造型艺术的实象，均能引起审美者的形式感受和审美愉悦，寄寓他们的情怀与志趣，都是审美符号的形式，含有各种表现意义。同时此等审美符号的容量不限于表现情感，还能容纳道德观念、伦理观念、政治观念和人格理想等等述评意义。竹工艺、写竹画和咏竹诗，就是竹子的实象和心象作为审美符号的形式，去吸纳审美理想以及道德情操和人格修养等多重符号意义，熔审美符号、道德符号于一炉。

苏东坡笔下的墨竹，“虽细梢低叶，下近尘土，而巨竿老节，愤傲雪霜……”画中“巨竿老节，愤傲雪霜”的神态，正是东坡不畏权贵、傲然独立的人格写照。郑板桥《维山纸一竿》的题画诗云：“画工何事好离奇？一干掀天去不知。若使循循墙下立，拂云擎日待何时！”“一干掀天”，对清王朝的愤懑之情，“拂云擎日”、兼济天下的宏伟之志，溢于言表。“四十年来画竹枝，日间挥写夜间思；冗繁削尽留清瘦，画到生时是熟时。”“留清瘦”，“是熟时”，既是画中之修竹，也是画外之老人。板桥的题画诗令人联想到杜甫：“丹青不知老将至，富贵于我如浮云”的名句，又联想到杜诗出于《论语》“不知老之将至”、“富贵于我如浮云”之名言。孔子、少陵、板桥之志趣如出一辙。郑燮深受竹文体和竹符号的熏染，他运用画中的竹图像和诗中的竹意象去抒情写意，隐喻作者不慕名利、不媚俗态的坦荡胸怀。

我爱读东坡、板桥等人的咏竹诗，爱观与可、板桥等人的墨竹图，也爱赏玩形神兼备的竹节形工艺品。鉴赏之时，全身心都沉浸在邈远的中国竹文化和以竹图像为形式的审美符号之中。形式方面满足了知觉和视觉想象，意义方面引起了良好的妙悟和人格的共鸣，不必细说。更有甚者，我和其他读者、观者一样，还可凭借诗人、艺术家创造的竹图像和竹意象，去表现各人的自我，表现自我的兴致、情操、追求和抱负，表现自我的欢欣、悲苦、焦虑和恬静，表现自我的志趣、人格以至生命。景有限而意无穷。作为审美符号形式的竹子形象，占有的空间份额极为有限，容纳的意义含量却无穷无尽。真可谓咫尺汗漫，渊深浩渺！

这篇序言，首先是跟踪两作者考察的轨迹，对《中国竹文化》一书作一番匆匆的巡礼。这是“理性”的巡礼，也是思维的巡礼。理性是一种能力，从混沌中梳理出一组秩序的能力；思维是一种秩序化的活动，凭借理性能力为思考着的外部客体世界建一个秩序网络和规律网络的意识活动。我又想依靠理性能力，通过思维活动，在序言中为中国竹文化的价值属性、观念内涵和符号意义，聚合成一个前后勾连、层层相因的理论缩影。目的只在于，使本书的读者一开篇就看到一幅竹文化的“静态示意图”，然后循序渐进，步入洋洋大观的竹文化“览胜区”。目的能否达到，留给读者去评判吧。

1993 年 3 月中旬

《初中作文精选精评——云南省中考优秀作文选》序

《初中作文精选精评——云南省中考优秀作文选》(以下简称《作文选》)即将出版，这是一项盛举，值得为之庆贺。选评者请我为《作文选》写篇小序，我欣然接受了。

云南省的“中考”每年有近30万考生。1999年到2002年，四年之间的考生加起来近120万篇作文。从县级到省级经过各级评委的层层把关，精益求精，选出了120篇优秀作文，汇集成这本《作文选》。写作是“中考”语文的重要组成部分，其成绩占总分120分中的50分。评选优秀作文的最低标准是46分，从语言、立意、内容到书写、卷面……均有很高的要求。入选的作文多数在48分以上，真可谓优秀中的优秀。在紧张的考场中，写作的时间不超过一小时，作文的篇幅又不得少于500字。有些考生在几十分钟内写出了600余字到800字的佳作，的确是才思敏捷，难能可贵。

学生的作文贵于创新，重在不落俗套。名人的佳作应当学习借鉴，但不必亦步亦趋，不敢越雷池一步。由“创新”出发，中考作文命题经历了命题作文、半命题作文和话题(材料)作文的变化。反映了教师的教育以人为本、尊重学生个性自由和创造力的观念变化的历程。于是作文的内容从课堂延伸到生活的每个领域，任何能够给学生心灵留下深刻记忆的事件和真实情感，都可以进入写作的视野。

在这本《作文选》中，除了作文的“精选”之外还有语文老师的“精评”。老师们的评语落墨不多，却抓住了关键。寥寥数语，使学生习作的优点逐一展示出来。有些评语惜墨如金，极为凝练；有些评语略加铺陈，颇有文采。总的说来，所有的评语都做到了循循善诱，言简而意赅，既激励了学生的写作热情，也对阅读学生的习作起到了画龙点睛的作用。

写作离不开语言，必须讲求或精通运用语言的“艺术”。中国历代著名的诗人和作家都是驾驭语言的高手，给他们戴上语言艺术大师的桂冠是当之无愧的。好的文学作品要力图跻身于语言艺术之王国，小作者已经懂得其中的道理。平时，他们养成了字斟句酌的习性，在遣词造句上下了不少功夫。有了日常的磨炼，临阵时才能游刃有余。《作文选》中每一篇习作都做到了用词准确、精练，行文流畅、简洁明快。读起来无滞无碍，使人感到仿佛是一气呵成，一挥而就。百余篇佳作，有的文风质朴无华，却又有天然的韵味；有的习作虽然雕章琢句，但无斧凿之痕迹。也有不少篇章，侃侃而谈，从容不迫。其中拔尖的精品，随意挥洒，近乎古人所云：如行云，如流水。

语言有多种功能，主要包括：叙事和写景的功能，抒情和表意的功能，议论和说理的功能。《作文选》所选的习作大多关注如何发挥语言的前两组功能，着力于叙事、写景和抒情、表意，有时也穿插一些议论的警句。这些习作全部是名副其实的文学文本，其中多数是记叙文（叙事散文），少数是抒情文（抒情散文）。此等习作，或采用夹叙夹议的写作方式，或采用兼写景、兼叙事、兼议论的方式，而且占主导地位的是写景和叙事的语句。上述情况很符合初中生的思路。偏重于记述事件的来龙去脉，附带抒情和议论，是初中生作文的一大特色。

叙事能展现人物、事件和情节的形象；写景能显示风光和景物的形象。诗人和作家总是借助语言精心地叙事和写景，并在记忆和想象中生成和创造多姿多彩、熠熠生辉的艺术形象。文学创作和文学欣赏中的审美感就来源于既连绵不断又井然有序的艺术形象。怎样通过叙事和写景去熔炼艺术形象，去获取美的感受，小作者们积累了不少经验。在他们的笔下，艺术形象联翩而至。男女老少、举止行为、音容笑貌、聚散离合之类的人物形象，顺叙、插叙、倒叙，曲折起伏乃至腾挪跌宕之类的故事形象，日月星辰、江河湖海、山川草木、花鸟虫鱼之类的景物形象，俯拾皆是。众多给人以美感的艺术形象，活灵活现，栩栩如生，逐一跃然纸上。

文学文本有内在的蕴含，蕴含着激情和观念的内容。文学创作和文学的审美表现活动，是依托形象去表现情感和思想的活动。诗人和作家总是借助或通过叙事和写景创造的形象，去抒情和立意，去表现情感和表达思想。古人云：“寓情于景”，“托物寄情”。“寓情于景”的大意是把作者的情思寄寓在风景和人事的形象之中。“托物寄情”的大意是依托景物的形象去寄寓作者的情思。古人创作诗词文章均讲求“情景交融”，力图做到“情大于景”，“景少情多”，从滴水中见沧海，从沙粒中看大千世界。在有限的叙事写景的篇幅中，去寄寓或表现尽可能深广和厚重的情感思想的内涵，才有资格称为上乘之作。

小作者未必读过美学或文艺理论的专著，但语文老师会讲授一些美学或文艺理论的知识，孩子们也熟悉部分中外名家的传世之作，而且对写作时间及其审美活动有真切的“心领神会”。纵观百余篇优秀作文，小作者们的喜怒哀乐之情，他们的爱和憎，亲情、友情、关爱之情，他们的幸福感和失落感，很少直接表露，大多通过叙事和写景的话语，蕴含在景物形象尤其是人物形象和事件形象的深处。小作者们对社会现象、家庭生活和师友关系的看法，对是非、真伪、益害、善恶的评判，他们的愿望和期盼、理想和追求，他们对人生价值的筛选，也很少诉诸冗长的议论，同样是尽可能通过叙事和写景的话语潜入生活和事物形象之中。总之，入选的习作大多自然而然地符合文学创作应当“寓情于景”和“托物寄情”的审美要求。

开始写这篇小序，提起笔来，从何处落墨？我曾经感到踌躇和迟疑。一篇篇初中毕业生的习作映入了眼帘，潜入了心底。读着读着，不知为什么我动情了，眼睛也湿润了。或许是有些作文的题材触及了人世间不幸的遭遇，使我慨叹不已；或许是有些孩子的笔下展现出他们艰辛的人生，令我哀伤难禁；也可能是透过上百双好奇而满怀期待的眼睛，恢复了我早年的视力，重新看到了一个久违了的世界，一个生机勃勃、色泽绚丽的世界，于是我动情了。还可能是，贴近众多保持童真、不加矫饰的心，唤醒了古稀老人沉睡的记忆，重新回归失去了很久的往昔，回到既陌生又熟悉的少年时代，于是我动情了。

《作文选》有自己的读者群，中学生和中学老师是核心部分。我相信这本书还会有更多的读者，各行各业的青年人、中年人和老年人，在闲暇的时候，不妨浏览一下中考入选的优秀作文。我由衷地希望他们能从中受到启迪，在立身处世、待人接物中，多保留少年时期的一份真情，一份实感，一份质朴，一颗童心，一颗赤子心。

2002 年 12 月